FRIEDRICH NIETZSCHE

SECONDE CONSIDÉRATION INTEMPESTIVE

De l'utilité et de l'inconvénient
des études historiques pour la vie
(1874)

Traduction de Henri Albert

Introduction, bibliographie, chronologie
de Pierre-Yves Bourdil

GF Flammarion

On trouvera en fin de volume une bibliographie et une chronologie.

ISBN 2-08-070483-4

INTRODUCTION

NIETZSCHE
La seconde Considération intempestive :
De l'utilité et de l'inconvénient
des études historiques pour la vie

La part du mythe

De 1873 à 1875, Nietzsche rédigea quatre textes polémiques, les *Considérations intempestives*, qu'on nomme parfois, en français, *inactuelles*.

Une « considération » n'est pas un genre philosophique traditionnel. Il ne s'agit pas de démontrer une thèse, mais de susciter l'intérêt, dût-on pour cela tendre vers la polémique. Nietzsche est stimulé par l'ambition de « réveiller » ses lecteurs de leur engourdissement intellectuel, de les obliger à se forger une opinion sur un thème de recherche. Il lui semble que la démarche habituelle aux philosophes, à force de vouloir atteindre la « vérité », se dilue dans tellement de nuances que tout intérêt finit par disparaître. Nietzsche s'adresse d'abord à ce qui demeure « vivant » en chacun, c'est-à-dire à ce qui est encore capable de se battre pour faire triompher une vision propre des choses.

Une opinion très personnelle est égocentrique, exclusive, partiale, de mauvaise foi ici ou là, mais c'est justement *cela* que revendique le propos des *Considérations intempestives*. Plutôt que l'adhésion aux penseurs établis, il faut provoquer l'apparition de nouveaux penseurs, originaux, jugés injustes et intolérants par ceux qui appellent « vérité » la façon routinière dont ils jugent les êtres et les choses.

La première *Considération* fait un sort à « David Strauss croyant et écrivain ». A travers ce théologien, c'est la culture allemande que Nietzsche agresse. Le succès des forces militaires allemandes, en 1870, ne prouve à ses yeux aucune supériorité de cette civilisation sur celle de la France vaincue. L'orgueil qu'en tirent les vainqueurs est usurpé. Il faut donc le blesser, si l'on veut que les Allemands obéissent enfin à des valeurs véritablement supérieures.

Les deux dernières *Considérations* sont consacrées à Schopenhauer et Richard Wagner, qui ont hanté Nietzsche sa vie durant. Nietzsche veut percevoir dans leurs œuvres des signes avant-coureurs d'une idée plus haute de la culture, voire, dit-il, la restauration même de l'idée de culture. Ces hommes sont novateurs dans le « culte du moi » qu'ils suscitent. Leur grandeur égoïste trouve, dans les querelles provoquées par les *Inactuelles* un écho tout à fait adapté. Leurs doctrines ne constituent pas l'intérêt majeur de Nietzsche, qui place la vie au-dessus de la pensée. L'éducation reçue de Schopenhauer, ou la musique de Wagner sont d'abord exemplaires d'une attitude, avant d'être « bonnes » ou « mauvaises ». Qu'il les maltraite ou les exalte, Nietzsche les *considère* avant tout dans leur pouvoir stimulateur. Comme le « vrai » ne l'intéresse pas d'abord, il pourra sans honte revenir plus tard dans son œuvre sur certaines de ses opinions : ce sera même à ses yeux une preuve suffisante du fait qu'il est resté « vivant ».

Le second de ces « quatre attentats » traite « De l'utilité et de l'inconvénient des études historiques pour la vie ». Il diffère des autres par le fait qu'il développe un thème. Entendons par là non pas une thèse, mais une intention assez riche pour exiger que plusieurs points de vue soient exposés de concert. En une métaphore musicale, l'histoire sera ici considérée de façon symphonique.

Le point de vue nietzschéen

Intempestif qualifie une affirmation hors de saison, à contretemps, un événement qui vient soudain contrarier un projet. Rien ne pourra être plus intempestif que le refus de l'histoire dont l'époque dressait le monument, avec les figures de Goethe, de Marx et, avant tout, de Hegel. Refusant d'accorder au temps une valeur positive, Nietzsche donne toutes les armes pour se faire battre. Il se place au cœur de la croyance la plus éminente de l'époque, et la nie. Il commet un délibéré *contresens*. Jouant avec les mots, disons alors que les *Considérations inactuelles* sont des *antithèses*.

Mais, là où Hegel désigne par antithèse le simple moment négatif d'un mouvement qui cherche à dépasser les contradictions nécessaires à l'exposé de la vérité, Nietzsche veut voir une discussion des modèles de la vérité. S'il use d'un ton excessif, c'est d'abord parce qu'il en a le *goût*. Ensuite, pour lui, une antithèse n'a rien de négatif : en polémiquant, il redonne une positivité à son refus. Ce point est essentiel, car c'est la *vie* qu'il défend et soutient, sans compromis possible. Il *revendique* son opposition à l'histoire, car il sait fort bien qu'il n'a aucun autre moyen de faire reconnaître une opinion aussi contestataire que la sienne. Ce sont les fondations de la culture occidentale qu'il ébranle.

Il se retrouve dans la situation fondatrice de Socrate

et, comme lui, en appelle à l'ironie. Jugé par des esprits qui ne le comprennent pas, il se défend en se moquant : « Vous avez cru être dorénavant libérés de l'obligation de soumettre à l'épreuve votre façon de vivre. Or, je vous l'annonce, c'est tout le contraire qui vous arrivera : le nombre augmentera, de ceux qui pratiquent cette mise à l'épreuve envers vous ; jusqu'à présent je les retenais, mais vous, vous ne vous en rendiez pas compte : ils seront d'autant plus sévères qu'ils seront plus jeunes, et vous, vous en serez davantage irrités [1]. »

Contre les sophistes et la politique qui les valorisait, Socrate n'avait pas d'autre arme que la violence destructrice du dialogue. Contre les philosophes systématiques, systématiquement sérieux, il faut trouver une arme adéquate : tel est l'objet des *Considérations intempestives*. Nietzsche admet déjà en 1873 ce qu'il formulera dans l'aphorisme 8 de *Par-delà le bien et le mal* : « Dans toute philosophie, il arrive un moment où la " conviction " du philosophe entre en scène. » C'est à partir d'une telle conviction qu'il veut penser l'histoire. Il se *moque* de la vérité et des historiens qui la servent à leur façon.

Nous pourrons tirer un double avantage à la lecture de ce texte. Le premier proviendra de la vigueur avec laquelle l'histoire se trouvera malmenée : nous devrons bien remettre en cause certaines convictions malvenues. Le second proviendra de l'attention que nous allons porter sur l'œuvre de jeunesse d'un penseur dont on commente trop volontiers les thèmes de la maturité, la *volonté de puissance* ou l'*éternel retour*, par exemple. Nous ne pourrions pas nous y arrêter ici sans prendre des intuitions vagues pour des convic-

1. Platon, *Apologie de Socrate*, 39 c-d GF Flammarion.

tions établies, et forcer ainsi le sens [1]. Nietzsche, en effet, est âgé d'à peine trente ans lorsqu'il rédige les *Considérations inactuelles*. Il ne saurait avoir clairement conscience de sa destinée même si, comme nous le découvrirons plus loin, certaines coïncidences sont troublantes. Il a donc, dans cet écrit, une naïveté que nous n'avons pas l'habitude d'admirer. Nous nous dispenserons de découvrir les balbutiements de ce que *Le Gai Savoir* ou *Ainsi parlait Zarathoustra* exprimeront avec éclat. Cela supposerait de notre part une tricherie, d'autant plus flagrante que ce genre de pratique est obstinément condamnée par la pensée même que nous allons lire. Comment justifierions-nous une démarche d'*historien* que le texte ne cessera de dénigrer ?

Nous allons plutôt essayer de décrypter les intentions d'un propos que Nietzsche définira comme « parabole », au fil des thèmes qui s'y dévoileront.

L'inutilité de la vérité

Comme souvent, Nietzsche commence par relever une opinion de référence, laquelle trahit l'intention qu'il compte examiner. Son propos est une *réplique*, une tentative forte pour remplacer une affirmation par une autre. Il n'est pas utile de démontrer une considération, ou de l'introduire, pour la justifier : sa vigueur doit lui suffire pour s'imposer et entraîner la conviction. Dans l'histoire de la philosophie, des « opinions très certaines » luttent entre elles en permanence. Plus elles obtiennent l'assentiment des consciences, plus elles *méritent* qu'on les combatte.

1. Nous renvoyons, par exemple, au *Nietzsche* de Martin Heidegger, 2 vol., Gallimard, 1971.

A quoi sert de préparer une vérité par un travail de doute méthodique, si elle ne s'impose pas finalement par son éclatante évidence ? Le cogito cartésien, s'il faut en nommer une, vaut d'abord par son caractère littéralement *étonnant,* seul capable de susciter une pensée considérable. Les fondations que cherchait Descartes n'ont, pour Nietzsche, que l'importance des ratiocinations : elles garantissent des certitudes déjà acquises. Elles rassurent. Comment, par exemple, un voyageur perdu dans une forêt pourrait-il rechercher par quelle méthode aller évidemment au but, si aucun but ne lui était déjà présent à la conscience ? C'est l'endroit où il va qui lui importe, plus que le chemin pour y parvenir [1].

Ici, l'interlocuteur de Nietzsche est Goethe, qui demande au savoir de stimuler immédiatement l'activité. Savoir ne suffit pas ; *pour quoi faire ?* est la question importante. C'est la finalité pratique des connaissances qui en fait la valeur, pour l'histoire comme pour la physique.

La valeur de l'histoire

Or, on peut très bien admettre qu'un physicien *prépare* des expériences futures : la technique progresse ainsi. Mais l'histoire ? Elle se réduit sans doute à l'examen d'un passé irréversible. Elle constate seulement comment un fait contingent est *devenu* nécessaire, puisqu'il a eu lieu. Une hypothèse, en histoire, ne change rien de ce qui a été, qu'on le veuille ou non. Il serait absurde de demander à l'historien d'influencer le cours des choses.

Nietzsche voudrait pourtant l'exiger, car il ne se

1. Cf. Descartes, *Discours de la méthode*, 3e partie.

place pas au plan de la cohérence logique, mais à celui de la « valeur » ou de la « non-valeur » de l'histoire. Il faut chercher, en effet, en quoi une affirmation peut valoir. Entendons par là qu'elle repose sur un principe au nom duquel elle se trouve appréciée, et en fonction duquel un *engagement* peut s'imposer. En histoire comme ailleurs, les faits doivent ne pas suffire ; on doit créer leur sens. Là réside l'intérêt principal de l'acte historique, qu'aucune théorie ne peut produire à sa place.

A de la valeur, par conséquent, une opinion qui stimule l'activité, qui se conçoit nécessaire à la vie. Ceci veut dire, ici, qui provoque des situations inaccoutumées. Il faut refuser avec « horreur » que la connaissance soit un luxe, un capital improductif et superflu avec lequel, justement, *il n'y a rien à faire.* L'histoire ainsi conçue serait bavardage, jeu avec les mots, mots désincarnés.

Lors donc que nous pouvons nous intéresser à une recherche, c'est qu'elle peut nous être nécessaire ; ce qui implique, pour Nietzsche, qu'elle le doit, parce que, comme tout ce qui est susceptible d'acquérir du prix, elle incite la vie à se dépasser elle-même pour sur-vivre. Et où pourrions-nous y réussir mieux que dans la témérité ? Le luxe se complaît en soi-même, sans parvenir à produire de l'intérêt. Il ne le pourrait qu'en étant remis en jeu, autrement dit en redevenant aléatoire. Jusque-là, il implique l'affadissement dans l'habitude ; il est « cause que la vie se rabougrit et dégénère ». Ce qui devait la favoriser se détériore. Une histoire qui ne servirait pas à engendrer de l'avenir serait pire qu'inutile ; elle causerait une maladie dont le sens général de l'époque subirait les symptômes. Nous en sommes là.

Tel est le point de départ du propos de Nietzsche :

une crainte le tourmente, qu'il ne peut garder pour lui sous peine d'être handicapé dans sa vocation philosophique. Se désintéresser des conséquences qu'un appétit excessif pour l'histoire peut provoquer sur le devenir de la culture, de la culture allemande en premier, lui est inadmissible. Il réagit donc à cette situation qui l'agresse. Il se venge de cet excès « en le livrant au public ». Il ne peut s'en dispenser, tant le goût de l'histoire, il faut croire, pervertit le sentiment intime de celui qui se livre à lui, interdisant les propos personnels pour se satisfaire de vérités impersonnelles. Dans l'étude de l'histoire, de la philosophie, de l'art, Nietzsche voit combien l'historien, le philosophe, l'artiste sont en danger.

Parler est un engagement de la personne, devant les hommes et devant le monde, dont elle doit supporter toutes les conséquences. Ce risque croît avec le caractère intempestif des considérations. L'esprit du temps récuse a priori ce qui ne lui obéit pas. Nietzsche prend l'expression à Goethe, qui entend par là le miroir du passé que les historiens présentent aux peuples. Comme s'il pouvait n'être pas déformant ! Comme si l'histoire n'était pas par essence l'acte déformant du miroir...

Critiquer « le puissant mouvement historique de ce temps » comporte le risque de n'être pas compris ; ce qui n'est pas trop grave en soi. Mais il est insupportable d'être combattu, vaincu, éliminé au profit d'une conception inacceptable des choses, dont souffriraient les créateurs des époques futures, stérilisés, littéralement, par des forces intellectuelles qui refusent d'être mises en cause. Provoquer ces forces permet au moins de reconnaître les siens. A cela, dit Nietzsche, « je gagne quelque chose qui m'est encore plus précieux que les convenances, c'est d'être instruit et éclairé publiquement au sujet de notre époque[1] » (p. 72).

La confrontation polémique est une constante de la pensée de Nietzsche. De même pour l'examen des points de vue en termes de santé et de maladie. L'histoire est alors un *mal*, dont il faut mettre les symptômes en évidence. Notre existence à tous est en péril, car « nous souffrons tous d'une consomption historique, et [...] nous devrions tous reconnaître qu'il en est ainsi » (p. 72). Pour que cela soit non seulement possible, mais encore tolérable, il faut se donner les moyens du diagnostic. Et c'est parce que Nietzsche s'est formé à une discipline parfaitement anachronique, la philologie classique, qu'il s'arroge le droit de juger. Il ne se trouve pas compromis par la science historique. Il peut donc l'évaluer, la condamner s'il le faut, contre son époque, sans complaisance. Il aspire à préparer la compréhension d'un monde à venir, que l'histoire interdit dans son goût excessif des événements passés, clos sur eux-mêmes et, de là, stériles.

Nous distinguerons deux parties égales. L'une, qui s'achève au chapitre 6, expose le diagnostic de la maladie historique. L'autre veut annoncer les moyens de guérir cette « débilité », mais dans la souffrance d'un mal nouveau, auquel nous ne pourrons échapper, tant nous sommes intoxiqués encore par la drogue historique. Nos enfants, peut-être, seront les premiers et fragiles bénéficiaires de nos efforts pour sur-vivre à l'excès de science.

1. Les folios de pages entre parenthèses renvoient à notre édition.

I

LA MALADIE HISTORIQUE

1. La mémoire humaine

Nietzsche situe sa réflexion d'emblée au plan essentiel de l'*humanité*. L'histoire, dit-il, prend sa source dans l'effort que l'homme accomplit pour tolérer de n'être pas, ou plus, un simple animal. S'il se compare au plus stupide des bovidés, il ne peut s'empêcher d'en jalouser le bonheur, c'est-à-dire la faculté parfaite d'oublier à mesure ce qu'il pourrait dire. « C'est une merveille : le moment est là en un clin d'œil, en un clin d'œil il disparaît » (p. 76). Voilà de quoi l'homme est jaloux : il voudrait vivre en se laissant absorber tout à fait dans le moment présent. Cela n'est jamais possible : il est bien incapable de cesser de raisonner. Le mieux à faire est encore de composer avec cet impératif congénital.

La mémoire et le bonheur

Un observateur attentif reconnaîtrait là un schéma proche de celui qu'utilise Kant, lorsqu'il met en place la notion de *devoir* dans la moralité. Le sujet devient humain en contestant son animalité. Mais là où, pour

Kant, il s'agit de se donner les moyens pratiques de résister à l'instinct, Nietzsche se plaît à discuter la nostalgie béate de l'animalité. L'innocence de l'homme est à jamais perdue. Invinciblement, le passé l'obsède et, avec lui, le bien et le mal qu'il cherche obstinément à régulariser [1].

Pour supporter le poids de sa mémoire, de plus en plus pesant au fur et à mesure que les siècles passent, la personne se métamorphose en être historique. Les événements glissent dans un filtre comme le plus obsédant des sables, bien que, paradoxalement, le sablier soit une impossible métaphore temporelle : le temps ne *passe* pas mais s'entasse et s'alourdit. Ce fardeau, à la manière d'un péché, devient de plus en plus insupportable. L'histoire représente une tentative d'organiser et de maîtriser le devenir humain qui encombre la pensée. La conscience de la durée finit par apparaître mauvaise conscience. Lorsqu'elle songe au paradis, elle tente de retrouver l'état animal d'avant la possibilité de la mémoire, au-delà même de l'enfance. Si elle postule, comme le fait Kant, un idéal moral de référence qui décide de la valeur des actes, elle finit par s'angoisser des actes impossibles que cependant elle s'impose [2].

L'homme devenu humain est incapable d'éviter l'inquiétude. Il ne peut ni jouer, ni refuser sa nostalgie d'un paradis terrestre.

Il doit vivre sa tragédie.

Appelons ainsi l'absurde espoir d'accéder à l'intemporel. Si l'homme pouvait s'abandonner à une divinité de son choix, gageons qu'elle serait *Eris*, la parfaite

1. Kant, *Fondements de la métaphysique des mœurs*, première section.
2. *Ibid.*, troisième section.

déesse de l'*oubli*, préférable sans doute à Éros lui-même, l'amour, parce qu'elle lui permettrait d'échapper à sa condition. C'est une évidente vanité, l'existence n'étant « en somme qu'un imparfait qui ne s'achèvera jamais ». En allemand comme en français, l'*imparfait* désigne en même temps l'inachevé et le passé ; du pur devenir. Voulant échapper à notre destin, nous nous imposons de préférer mourir à vivre, puisqu'il est impossible que l'obsession du révolu nous quitte sans que nous perdions en même temps notre existence. Mourant, nous oublions, sans doute, et notre vérité se trouve scellée ; nous acquérons notre essence à cet instant. Nous parvenons tragiquement à obtenir que cesse l'inadmissible « conviction que l'existence n'est qu'une succession ininterrompue d'événements passés, une chose qui vit de se nier et de se détruire elle-même, de se contredire sans cesse » (p. 77).

On comprend que l'histoire puisse apparaître une tolérable échappatoire, puisqu'elle met de l'ordre là où il y a, on vient de le voir, une pénible contradiction. En donnant un sens possible au devenir humain, elle offre une issue à la tragédie. C'est au prix d'une pseudo-vie, mais la maladie historique est supportable à cette seule condition.

L'illusion historique nous procure ainsi une succession de petits contentements, juxtaposés les uns aux autres, dans l'espérance inaccessible d'une « grande » satisfaction. Ceci n'est pas sans parenté avec le christianisme, puisque tous deux nous aident à supporter une existence aliénée en attendant un paradis, dont nous tissons l'image en un leurre suprême. Notre vie, ne pouvant s'oublier elle-même, se contente de menus oublis successifs. Elle aspire, qu'elle le sache ou non, au cynisme, c'est-à-dire à la croyance que nous *pourrions* vivre comme des animaux, sans avoir à rendre compte d'une destinée où *tous* nos actes seraient liés entre eux.

Nous cherchons désespérément un tel bonheur, et nous nommons ainsi « le pouvoir d'oublier, ou, pour [nous] exprimer en savant, la faculté de sentir, abstraction faite de toute idée historique » (p. 77). Nous vivons alternativement du point de vue du devenir et de celui de l'instant, sans avoir les moyens de nous satisfaire de l'un ou de l'autre. Nous obtenons parfois le contentement d'une provisoire *distraction*, mais dès que nous en devenons conscients, le flux des choses nous saisit, et la béatitude nous échappe une fois de plus.

Nous devons cependant résoudre cette antinomie, parce que ce qu'elle met en jeu est notre possibilité d'agir. Tout acte, dit Nietzsche, exige l'amnésie. Nous avons besoin de ne pas savoir pour vivre. Dès lors, l'histoire nous paralyse. Nous y accumulons une somme de connaissances qui tend vers l'infini et qui nous handicape de plus en plus.

Nous sommes ainsi déchirés entre deux tendances opposées : ou bien nous savons, et nous ne pourrons jamais être assez forts pour animer un passé infini ; ou bien nous ne savons rien, et le sens de nos actions nous échappe. Entre ces deux absolus, notre existence doit alors se demander quelle quantité d'histoire elle tolère. Nous devons fixer le seuil au-delà duquel nous deviendrons impuissants, aux deux sens du terme : icapables d'agir et incapables d'engendrer un quelconque avenir. « Il y a un degré d'insomnie, de rumination, de sens historique qui nuit à l'être vivant et finit par l'anéantir, qu'il s'agisse d'un homme, d'un peuple ou d'une civilisation » (p. 78). Voilà quel risque nous courons en nous accoutumant excessivement à l'histoire.

Les héros contre l'histoire

Nous ne pourrons guérir tant que nous n'aurons pas déterminé quelle part de passé oublier pour subsister, et échapper à l'angoisse d'être anéantis. Nietzsche appelle « force plastique » d'un homme, d'une nation, d'une civilisation sa faculté de vivre, c'est-à-dire d'agir ; c'est-à-dire encore, de trouver en soi-même l'énergie nécessaire à croire. Vivre reviendrait alors, littéralement, à assumer son patrimoine, à considérer ce qui est révolu comme le fondement de son propre avenir. L'histoire, en se ruminant elle-même, s'interdit ce risque. Elle se contente du passé. Elle progresse à reculons, et son dos seul est affronté à l'avenir. Son regard et son intelligence sont obsédés par ce qu'ils fixent : l'accompli. Ne pouvant rien oublier, elle ne peut rien créer. Cherchant la vérité derrière elle, elle la trouve, certes, mais ne peut rien en faire. Pour agir, il faut oublier, s'exposer à l'erreur, et défier la mort. En contrepartie, on court le risque d'engendrer une forme neuve de vie. Cela ne peut se faire que dans la clairvoyance tragique : « Le point de vue historique aussi bien que le point de vue non historique sont nécessaires à la santé d'un individu, d'un peuple et d'une civilisation » (p. 79).

Pour avoir les moyens efficaces de fonder un sens nouveau des choses, point n'est donc besoin de savoir comment le passé rend possible ce sens, ni même comment il l'explique. Une parfaite naïveté parfois suffit ; et la certitude d'être le *premier* à admettre une opinion peut provoquer une situation réellement nouvelle. Tandis que l'historien, à force de chercher dans son passé tout ce qui pourrait expliquer l'état présent, en même temps qu'il finirait par admettre que rien de nouveau n'apparaît sous le soleil, se rendrait prisonnier de ses recherches et, en effet, interdirait que rien d'inédit ne soit *créé*.

Le créateur est injuste, puisqu'il ignore délibérément les vérités établies, mais il est le seul à pouvoir métamorphoser la valeur des opinions reçues. Alexandre, rompant le nœud gordien au lieu de s'évertuer à le dénouer, se donna la *chance* d'un empire.

Les héros principaux des civilisations sont entrés par effraction dans l'histoire ; parce qu'ils méconnaissaient les traditions qu'ils auraient dû respecter. Ils fondent injustement une estimation nouvelle, qui prendra leur acte imprévisible comme étalon d'une justice dont ils sont, litteralement, les génies. Au moment de leur décision, on condamne leur disposition d'esprit, « la plus injuste que l'on puisse imaginer [...], étroite, ingrate envers le passé, aveugle en face du danger, sourde aux avertissements » (p. 81). Pourtant, il est un tourbillon de vie dans une mer de ténèbres. Nietzsche conçoit cette création de la façon la plus artistique : jaillissement d'un sens, impensable jusque-là, évident immédiatement après. C'est la souveraineté même qui agit dans les héros et les véritables hommes d'action [1].

Comme le héros, l'artiste crée sans tenir compte des traditions. S'il représente un progrès par rapport à certains artistes qui l'ont précédé, c'est parce qu'il a produit une œuvre d'art supérieure, et non parce qu'il aurait poursuivi une évolution commencée auparavant. Si l'on pouvait classer un art, du moins bon au meilleur, on ne retrouverait pas l'ordre chronologique. Il a fallu sans doute plus de génie pour créer une

1. Pierre-Yves Bourdil, *Les Miroirs du moi*, Éditions de l'École, 1987, chapitre 2, « La Situation du héros ».

déesse à l'âge de pierre que pour faire évoluer l'art du portrait en cent ans d'âge classique. L'artiste est libre ; c'est pour cela qu'il est *créateur*, puisqu'on ne *crée* qu'à partir de l'absence de contrainte ; non pas en obéissant à des règles établies.

Un homme, un peuple ne conquièrent leur indépendance qu'en voulant échapper aux coutumes. A ce prix, ils peuvent agir. Le « consciencieux » s'enferme dans son respect des conventions. En revanche, l' « inconscient » a la chance de changer le monde : il oublie la plupart des choses avant d'en réaliser une seule. Pour lui, son acte est fin en soi.

L'historien ne peut dépasser le constat qu'il y a eu certains « grands » hommes. Il les nomme ou décrit leurs actions en présupposant nécessairement leur « grandeur ». Il ne peut les connaître et vivre aussi vivement qu'eux. Comment accéderait-il avec assez d'acuité au génie de leur création, à la « configuration particulière » de leur œil ? Que voyaient-ils donc, qui a suscité leur action ?

Personne ne saurait posséder cette sublime acuité. Cela n'aurait d'ailleurs aucune utilité. Il s'agit plutôt de se mettre dans une situation analogue, unique et inaccessible. Le héros n'y parvient qu'en adoptant le point de vue supra-historique de l'esthète. On jugera cette attitude négative, parce qu'elle *nie* le cours de l'évolution. Or, c'est précisément ce *non* qui est fondateur. Il est autrement motivé : le besoin de connaissance pure cède le pas à ce que Nietzsche appelle la *vie*, désignant par là l'ensemble des actions qui considèrent que le monde atteint son but à chaque instant. Dès lors, il faut renaître, recommencer, *ressusciter* en permanence, sans considération pour les vains enseignements du passé, clos sur eux-mêmes.

Les héros supra-historiques consentent à leur mission sans savoir la définir. En cela ils sont innocents, et se dispensent de tout respect : bonheur, résignation, vertu ou pénitence, ils se disputent sur la signification de leurs « doctrines », mais par jeu, puisque l'essentiel de leur accord unanime réside dans le fait qu'à l'histoire ils opposent le sens de l'éternité, quand le passé et le présent sont une seule et même réalité. Ils gardent l'unité d'un même *type* éternel. « Ils représentent, dit Nietzsche, des normes immuables et omniprésentes, un organisme immobile d'une valeur stable et d'une signification toujours pareille » (p. 84).

Il faudrait entendre par type un ensemble de traits de comportement, de manières d'agir permanents. Cela s'oppose en tout cas aux considérations des historiens, à leur « respect des faits », qui les empêchent d'exalter leur tempérament propre. Les voilà prisonniers d'opinions, et surtout d'actions qu'ils s'interdisent de prendre à leur compte, comme s'ils n'interprétaient pas *malgré eux* les « faits ».

Qu'ils se délivrent donc de ce préjugé occidental, et se laissent aller à demander à l'histoire de servir la vie, c'est-à-dire l'avenir au lieu du passé ! Car un phénomène historique parfaitement connu serait un cadavre ; et si l'histoire devenait science parfaite, elle entraînerait pour l'humanité la fin de sa pérennité. Elle résisterait mal à son désir de connaître la fin du monde. Sachant comment l'aventure universelle s'achèverait, elle s'*accomplirait*, sans se rendre bien compte qu'elle disparaîtrait elle aussi dans ce succès absolu.

Le problème de l'histoire ne réside donc pas dans l'arbitraire du sens qu'elle impose aux faits : elle ne peut éviter de le faire. Il est dans la vie, qu'elle ne sait pas servir.

Nietzsche développe trois niveaux d'influence de l'historien sur le vivant. Actif et ambitieux d'abord, il valorise l'*histoire monumentale* ; il a le goût de conserver et de vénérer ensuite, et valorise l'*histoire traditionaliste* (ou *antiquaire*) ; il souffre et a besoin de délivrance enfin, et valorise en ce cas l'*histoire critique*. Attardons-nous sur ces moments.

2. L'histoire monumentale

Un fait remarquable est d'abord *accompli* : un *héros* le fait *être*[1]. Pour cela, il lutte contre les habitudes, qui équivalent pour lui au non-sens. Il ressort de cela que l'histoire commence par être l'affaire de l' « homme d'action ». Nietzsche le décrit comme un fondateur monumental, c'est-à-dire capable d'ouvrages dépassant la mesure ordinaire. Il veut toujours un « bonheur », le sien ou celui d'un peuple. En tout cas, il ne s'est pas résigné à laisser les choses aller selon leur pente paresseuse.

Il exige la gloire en paiement de ses efforts. Il sert de point de repère aux hommes à venir, qui auront besoin, pour exister à leur tour, de tenir compte des actes qu'il aura su rendre incontournables. Il aura acquis le droit d'occuper « une place d'honneur au temple de l'histoire, où il pourra être lui-même, pour ceux qui viendront plus tard, maître, consolateur et avertisseur » (p. 88). L'homme en lui s'est grandi et dépassé, prenant conscience de son éventuelle éternité. Peu importe que cette grandeur soit illusoire,

1. *Ibid.*, chapitre 5, « L'Histoire imaginaire ».

puisqu'elle réussit par anticipation à contraindre l'avenir.

Les héros fondateurs

Les héros métamorphosent le cours du temps en œuvre d'art, et « se sentent tellement enivrés que l'on pourrait croire que la vie humaine est une chose merveilleuse » (p. 89). Forts de cette conviction, ils disposent leurs actes comme autant de touches d'un tableau, dont ils abandonnent le commentaire à la postérité. Aux historiens. Ils le savent, et sont d'autant plus grands qu'ils gardent pour eux-mêmes la distance de l'ironie, jusque dans leur mort. Ce ne sont pas eux qui meurent, mais leurs enveloppes terrestres : leurs actes, leurs créations demeurent éternellement. Ils ne jugent pas au nom d'une maxime pratique qui trouve immédiatement dans son vouloir la moralité de son action. Le vouloir des héros, contrairement à ce que suppose Kant, est indépendant du bien et du mal que l'humanité en retirera. La volonté héroïque est *pure*, au sens que lui donnait le même Kant, à savoir, indépendante de toute expérience. Nietzsche retourne contre le sage de Königsberg ses propres propositions. La volonté n'a pas à se produire *bonne* ou *mauvaise*, mais simplement VOLONTÉ [1].

Socrate fut de la sorte un modèle exemplaire, laissant en héritage la *philosophie*, délaissant pour des myriades d'exégètes improductifs le soin de donner de la valeur à cela même qu'il n'avait pas voulu fixer par écrit.

Mourant, le héros devient l'objet d'un culte dont les

1. Kant, *op. cit.*, première section.

parasites vivent. Tout ce qu'il a suggéré se *transfigure*, comme si cela était plus riche de sens, de fable en fable. Il faudrait prendre à la lettre ceci : « Mais une chose vivra : le monogramme de leur essence la plus intime, une œuvre, une action, une clarté singulière, une création : vivre parce que nulle postérité ne pourrait s'en passer » (p. 89). Voilà comment se développe le goût d'une histoire monumentale. Le héros a montré que ce qui, jusqu'à lui, était jugé impossible, est devenu possible : il l'a créé.

L'erreur des historiens consiste trop souvent à généraliser cette admiration, et à admettre que des causes identiques peuvent réapparaître, permettant d'identiques effets. Ce qui *devrait* se reproduire, c'est plutôt la puissance créatrice de nouveaux héros, en vue de provoquer des sens inédits. Une configuration de l'univers ne *revient* pas, et sans doute les Pythagoriciens qui l'admettent ont-ils tort. Il ne faut pas confondre l'exhortation à l'héroïsme qui *pourrait* se reproduire si l'on se débarrassait de la croyance en une science historique, et cette éventuelle science qui s'hypnotise sur des interprétations infinies étrangères à la vie.

La confusion, il est vrai, est possible. Elle repose sur une conception tragique ambiguë de l'univers. Face aux dieux, les hommes luttent pour acquérir leur identité propre, et devenir créateurs à leur tour. Mais les historiens, dit Nietzsche, survalorisent le « cinquième acte » des tragédies qu'ils examinent. Ils trouvent des *lois* dans le devenir, à la fois parce qu'ils connaissent le cours d'une action qui se clôt, et parce qu'ils espèrent pouvoir recommencer ce qui a été déjà vécu. Ils cessent d'être les acteurs de leur destinée, pour devenir les spectateurs d'un jeu, qui ne les inquiète plus parce qu'ils en admettent a priori des règles nécessaires. Ils vivent l'héroïsme par procuration.

Le héros, en revanche, est conscient de se trouver en permanence au premier acte, dans ce moment où il est innocent du drame qui va l'éprouver, au-devant duquel il *va* obligatoirement, avec la terrible espérance que les choses peuvent s'arranger. Or, elles ne s'arrangent jamais aussi bien que Leibniz, par exemple, cherche en permanence à le proclamer[1]. Le héros trouve cependant une issue là où il n'y en avait pas. Il refuse de se perdre dans des labyrinthes dont les dieux sont les seuls à connaître les figures[2]. Il voit bien que les dieux ont, comme les historiens, le regard tourné vers la fin des choses et organisent les destinées de telle sorte que peu à peu l'univers entier ressemble à ce qu'ils projetèrent à l'origine. De même, l'histoire traduit ce qui depuis toujours *est* dans l'esprit du Dieu de la métaphysique occidentale[3].

Si le héros veut réussir, il doit s'abstraire de l'histoire. Dès lors, le passé cesse « d'être décrit comme s'il était digne d'être imité, comme s'il était imitable et possible une seconde fois » (p. 92). Le fondateur agit et, dit Nietzsche, « déforme en beau » la figure géométrique d'une harmonie universelle dans l'évolution de laquelle l' « invention poétique » est impensable. Il avance dans sa vie comme dans une « fiction mythique », qu'il découvre au fur et à mesure qu'il en fait jaillir la réalité. Il progresse vers l'inconnu au lieu de régresser dans le trop connu ; il regarde l'horizon au lieu de lui tourner le dos.

1. Leibniz, *La Cause de Dieu*, Hatier, 1984.
2. Leibniz, *Discours de métaphysique*, 4.
3. Leibniz, *La Cause de Dieu*, *op. cit.*, p. 46-48.

L'artiste contre l'historien

A la direction près, les historiens et les héros admettent la même configuration tragique de l'univers. Mais cette direction change tout. Nous ne devons pas confondre les monuments du passé, et leur génie aujourd'hui mort, avec ceux que nous *devons* nous arracher. Alexandre, Napoléon, dont nous connaissons la biographie, nous semblent courageux ; nous mesurons leurs erreurs et leurs réussites. Mais leur vie est accomplie. Les lois qui s'y appliquent valent pour des fantômes. La ressemblance est trompeuse avec la témérité de l'homme au moment où son enthousiasme et son fanatisme le contraignent à *décider* de l'histoire à venir. Le héros, dit Nietzsche, provoque des « effets en soi », c'est-à-dire des effets sans cause suffisante. Il n'est peut-être pas libre ; il est en revanche souverain. Il ne s'occupe pas des lois.

Artiste, le héros met-en-œuvre un goût pur, indépendant des expériences du passé. Ce goût est pur, d'autre part, parce qu'il est innocent : il ne saurait être jugé puisqu'il est en train d'exister. Il rivalise avec d'autres formes de goût. Juger un acte revient à vouloir interdire l'avènement d'une forme artistique de la vie. Or les historiens, dit Nietzsche, « se donnent des allures de médecins, tandis qu'au fond ils se comportent en empoisonneurs. Ainsi, ils développent leur sens et leur goût, pour expliquer, par leurs habitudes d'enfants gâtés, pourquoi ils rejettent avec tant d'insistance tout ce qui leur est offert en fait de véritable nourriture d'art. Car ils ne veulent pas que quelque chose de grand puisse se former » (p. 94). Ils mesurent ; ils cherchent des étalons pour cela, sans admettre, quelle ironie ! leur stérilité.

Il faudrait opposer ici encore Nietzsche à Kant, et le « goût pur » à la « raison pure ». Celle-ci, lorsqu'elle traite du goût, le fait justement dans une *Critique de la faculté de juger*, dont il faudrait montrer la vanité. Kant cherche des limites à ce qui par nature n'en a pas. Comme les historiens, il obéit à la devise : « Laissez les morts enterrer les vivants » (p. 94), qui pervertit un propos évangélique au service duquel ils croient pourtant travailler[1]. Ils se grandissent en mesurant des monuments ; ils pensent les vénérer alors qu'ils ne sont que des « antiquaires », faisant commerce de ce qu'ils n'ont pas produit. Ils font reposer leurs « jugements » et leurs « condamnations » sur une histoire « critique », qui rétrécit tout ce qu'elle étudie à sa petite échelle prudente.

3. L'historien traditionaliste

L'histoire n'est pas innocente. Elle est au service de ceux qui, incapables d'ouvrir l'avenir au péril de leur vie, conservent et vénèrent le passé comme s'il pouvait valoir en soi. L'historien s'oppose ainsi au héros, et se *justifie* en confondant sa recherche propre avec la discipline dans laquelle il se fait exister lui-même. Dans la vénération des monuments, il accapare à son profit le poids de la tradition.

L'historien traditionaliste se « transporte » dans les objets qu'il analyse jusqu'à s'y confondre. Il les fait parler par sa voix, comme s'ils n'étaient pas seulement des prétextes. Impuissant à les métamorphoser, il se

1. « Laissez les morts ensevelir les morts », Matthieu, VIII, 22.

complaît à raconter leur passé de façon immuable, laissant croire que cette paralysie est le mouvement même de l'histoire. « L'histoire de sa ville devient l'histoire de lui-même. Le mur d'enceinte, la porte avec sa vieille tour, les ordonnances municipales, les fêtes populaires, tout cela c'est pour lui une sorte de chronique illustrée de sa propre jeunesse et c'est dans tout cela qu'il se retrouve lui-même, qu'il retrouve sa force, son activité, sa joie, son jugement, sa folie et son inconduite » (p. 95-96). Il aurait aujourd'hui une grande familiarité avec les monuments aux morts, qui nous font vivre les guerres par la procuration de noms et d'anecdotes familières.

L'historien traditionaliste acquiert, dans le « nous » derrière lequel il parle, une personnalité collective. Il s'investit en elle et trouve son bonheur d'en jouir. Il recherche le plaisir de découvrir par quelles nécessités il est l'héritier du passé. Dans les lois de l'histoire, c'est lui qu'il tente de rendre indispensable. Il atteint l'universalité que son appréhension lui refuse. N'ayant pas la témérité des émigrés volontaires, des conquérants, il se réjouit de celle de l'Esprit. Il s'excuse dans le savoir, et Nietzsche, ici, songe certainement au penseur hégélien, dont le sens historique s'oppose absolument au sien [1].

Pourtant, par manque d'audace, un danger se présente aussitôt contre la vie ; celui de considérer tout ce qui est ancien comme *également* digne de respect. Le jugement historique veut être juste ; il aspire à l'équilibre entre les faits. C'est en cela qu'il se fourvoie. Celui qui crée, et la vie même, sont injustes, excessifs, partisans. Comment le héros, qui force l'époque à lui obéir, pourrait-il tolérer que toutes les

1. Cf. Hegel, *La Raison dans l'histoire*, 10/18, 1971.

chances soient égales ? Contre la tradition, il aspire à l'inédit.

A l'opposé, l'historien traditionaliste dépense d'immenses forces à « collectionner » les faits, aveugle aux différences, maniaque dans sa volonté de ne considérer que l'ancien pour l'ancien, hostile à toute genèse. Il est le parasite des héros véritables, qu'il enserre dans son savoir jusqu'à les étouffer, lierre des arbres qui le dépassent en lui faisant ombrage.

Ce n'est pas qu'il méconnaisse les grands personnages. Au contraire. Mais il les conserve comme ses faire-valoir. Son instinct de conservation est absolu, rendant immortels dans les livres les vivants qui sont devenus immortels sans lui en risquant leur vie, en assumant la résolution énergique d'aller vers ce qui est neuf.

L'histoire traditionaliste, on le voit, est la forme dégénérée de l'histoire monumentale. Elle remplace le goût de la grandeur passée, par la simple attirance pour le révolu. Elle juge « grand » cela seul qui est advenu, sans autre discernement. Ce qui serait grand alors, ironise Nietzsche, serait l' « amoncellement de piété » pour les antiquités. Une lecture attentive du texte nous montrerait comment tous les mots principaux ont deux faces, l'une vivante, l'autre morte : instinct, monument, goût... De même, l'histoire ne nous laisse que l'image défunte des vivants avec lesquels elle est incapable de se mesurer.

4. L'historien critique

Ce qui est en cause, c'est ce miroir du passé, que l'homme place en face de lui. A force de rechercher la fidélité, l'image se fige en une somme infinie de détails « vrais ». Pour vivre, il faudrait pourtant briser le passé, le juger définitivement.

Ne pensons pas ici au « tribunal de la raison » de Kant, mais à celui de la vie, dont l'essence est d'être injuste. En effet, dit Nietzsche, « tout passé est digne d'être condamné ; car il en est ainsi des choses humaines : toujours la force et la faiblesse humaines y ont été puissantes. Ce n'est pas la justice qui juge ici ; c'est encore moins la grâce qui prononce le jugement. C'est la vie, la vie seule, cette puissance obscure qui pousse et qui est insatiable à se désirer elle-même. Son arrêt est toujours rigoureux, toujours injuste, parce qu'il n'a jamais son origine dans la source pure de la connaissance » (p. 100). L'histoire traditionaliste, dans son excès de respect pour des faits qu'elle juge équivalents, provoque un scandale. Le mot n'est sans doute pas trop fort. La vie se révolte, se défend contre les imposteurs qu'elle ne tolère pas.

Vivre consiste à mettre en jeu son existence jusqu'à l'extrême, avec la plus grande énergie. C'est, dit Nietzsche, « mériter » de périr. Pour y parvenir honorablement, l'injustice s'impose, puisque le risque encouru ne peut acquérir sa valeur que dans sa lutte contre des forces vitales rivales : « Vivre et être injuste sont tout un » (p. 101). Or, cela n'est possible que dans l'oubli, tant la mémoire paralyse.

Telle est l'exigence d'une histoire critique : rompre avec le passé. Lui manquer de respect au point d'en faire un ennemi à vaincre. Ainsi les héros sont-ils devenus vraiment grands. Leur impertinence à l'égard des faits fut telle qu'ils ont pu agir, et instituer durablement des valeurs inouïes, ce qui veut dire inaccessibles aux historiens. Nous ne devons plus nous concevoir comme les héritiers du passé, mais comme les descendants des erreurs et des égarements des générations *à cause desquelles* nous sommes là. Les historiens peuvent passer leur temps à condamner ces erreurs au nom d'une morale de l'histoire ; ils ne peuvent empêcher que nous en soyons issus. Leur connaissance entre en conflit avec une réalité inacceptable ; elle ne cesse de gémir sur le conditionnel des événements qui n'auraient pas dû apparaître. Le monde serait ainsi plus conforme à la justice morale. On pourrait ironiser ici sur les efforts au terme desquels la raison tente de penser le péché dans ses conséquences historiques. Leibniz, par exemple, ne cesse de défendre la cause de Dieu [1], accusant l'homme, sans voir, dirait Nietzsche après Luther, comment la création est le résultat d'une « inadvertance de Dieu ». *Toute* création est injuste, et *doit* l'être pour apparaître. Elle commence par violer le néant...

L'absurdité consisterait à se donner a posteriori un passé dont on voudrait être le produit, car cela impliquerait le refus de celui dont nous provenons en effet. L'origine et la fin des temps se confondraient en un même absolu, et l'histoire n'aurait rien été d'autre que la somme des efforts accomplis pour faire coïncider l'intention créatrice de Dieu et l'accomplissement actuel de son projet [2]. Comment éviter de rapprocher le paradis futur et le paradis terrestre ? L'un comme l'autre, cependant, se fondent sur un travestissement de la réalité ou, pour parler comme Nietzsche, sur une stérilisation de la vie dans le goût excessif de l'histoire. On ne critique jamais assez le passé.

1. Leibniz, *La Cause de Dieu, op. cit.*, p. 49-50.
2. *Ibid.*

5. L'extériorité de l'histoire et l'intimité de la conviction

En cela l'histoire est utile, puisqu'elle nous permet de saisir à quel point c'est l'injustice qui est créatrice. A son fondement, il y a la vie, assez tenace pour mériter les efforts assassins de la connaissance. Une fois la vie reconnue, il convient de la libérer. Telle est la leçon contradictoire que nous donne l'histoire.

Celle-ci nous donne d'abord le sens *extérieur* de la vie. Il reste à l'admettre intimement. Et à en souffrir. Il est urgent d'entreprendre cette tâche, car nous vivons une époque en danger de mort ; pour la raison majeure qu'elle idolâtre l'histoire. Nous vivons l'antinomie de la vie et de l'histoire.

Mais cette situation, que Nietzsche ressent très vivement, il n'est pas sûr qu'elle puisse être posée avec toute la conviction nécessaire. Le point de vue soutenu ici est plein de contradictions. Que veut dire, par exemple, le fait d'admettre la croyance en l'histoire comme croyance historique ? On ne peut pas prétendre en même temps que l'histoire est une valeur et qu'elle n'en est pas une. Et, en effet, on a vite fait de condamner cette *illusion*. La pensée hégélienne résout par définition les oppositions qu'elle rencontre : grâce au recours à l'histoire, justement, qui permet progressivement de dépasser des conflits provisoires.

Les véritables caractères de l'histoire

C'est mal poser un réel problème. Nietzsche ne veut pas établir une certitude objective, parce qu'elle nierait les acteurs dans leur volonté de vivre. Il aspire, au contraire, à les laisser s'épanouir dans leur unicité égoïste. Il place son commentaire au cœur de la tragédie qu'il traite. Il choisit le parti des héros esthétiques de l'histoire. C'est en cela que ses considérations sont *intempestives*. S'il reprend le point de vue esthétique, c'est en un sens fondamental, qu'il veut contredire ou, pour le moins, contester.

Kant fonde sa théorie de la connaissance sur l'examen de l'*Esthétique transcendantale*, qui occupe, comme on le sait, la première partie de la *Critique de la raison pure*. Il appelle esthétique ce qui relève de la sensibilité. Il repousse les tentations de désigner ainsi ce qui relève du goût. Il veut assurer le savoir et ne plus se perdre dans les considérations personnelles vouées au scepticisme. Il refuse ce qu'il appelle une « espérance déçue [1] ».

Or, c'est elle que Nietzsche veut assumer, puisque, s'il ne croit pas plus que Kant à la possibilité de saisir les choses en elles-mêmes, il revendique en revanche de se laisser séduire par ses mirages : « Que d'autres montrent que nous avons mal vu, nous voulons dire ce que nous croyons voir » (p. 103). Il dit cela *contre* la science, et il le sait. Il prend à son compte l'injustice de la vie, qui juge en fonction de son intérêt, et non pas en fonction de la vérité universelle. Il s'oppose à l'*exigence* que l'histoire devienne une science, au nom d'une exigence équivalente d'art, que déjà Kant admettait pour le beau [2], mais qu'il ne désirait pas préférer. L'enjeu est clair : la vérité ou la vie ; l'histoire ou l'art.

1. Kant, *Critique de la raison pure*, 1re partie, § 1 GF Flammarion.
2. Kant, *Critique de la faculté de juger*, § 6-9.

L'art contre l'histoire

Il faut refuser l'extériorité des faits historiques quand ils se présentent à nous dans un spectacle objectif, et privilégier l'intimité de la conviction. Il ne s'agit évidemment pas du « sens intime » de Kant, le temps, qui s'accomplit sous forme historique dans des maximes morales trop exigeantes pour Nietzsche. Un homme qui ne connaîtrait que par le sens intime serait, pour Kant, réduit à la simple existence phénoménale. Les conditions de la *loi* lui manqueraient ; il n'accéderait pas à l'universalité de la vérité ou de la moralité [1]. C'est pourtant *cela* que Nietzsche appelle de ses vœux, quels que soient les risques encourus, puisque c'est à ce prix que quelque chose de grand risque de s'épanouir. Les conditions de la création sont celles-là mêmes qui donnent une extériorité au sens intime ou, pour le dire autrement, qui rendent signifiant le simplement perçu.

L'histoire se contente de conceptualiser les civilisations de l'extérieur, au lieu de les mettre en œuvre dans leurs contradictions. La culture historique dépossède les hommes de tous leurs biens propres, en reportant sur des personnages du passé l'exclusivité de ce qui a pu se faire de considérable. Elle ne nous laisse que la tâche subalterne de le constater. Voilà le scandale : « Car, pour nous-mêmes, nous autres modernes, nous ne possédons rien du tout. Ce n'est qu'en nous remplissant à l'excès des époques étrangères, de mœurs, d'arts, de philosophies, de religions, de connaissances qui ne sont pas les nôtres, que nous

1. Kant, *Fondements de la métaphysique des mœurs*, troisième section.

devenons quelque chose qui mérite l'attention, c'est-à-dire des encyclopédies ambulantes » (p. 106).

Nous devenons insensibles à la barbarie, nous autres héritiers d'Hérodote, qui fonda justement l'histoire sur la traduction des barbares en pseudo-grecs [1]. Nous vivons de nos savoirs, c'est-à-dire des translations de faits que nous opérons, d'un domaine à un autre, de casier en casier. Nous rangeons sempiternellement des récits que nous jugeons dignes d'être *sus*. Nous ne voyons pas dans la vie sauvage ce que Nietzsche appelle le « beau » style, celui qui n'est pas forcément mérité, mais que le héros, par une téméraire probité, s'est approprié.

Nous sommes malades de l'histoire. Voilà pourquoi Nietzsche nous demande de recouvrer la santé de la vraie culture. Et s'il part du peuple allemand, comme tant d'autres penseurs de son époque [2], ce n'est pas pour découvrir en lui le moment le plus développé de la raison, ainsi que l'affirmait Hegel, mais pour le mettre en garde, pour lui enjoindre de devenir enfin un peuple créateur, c'est-à-dire vivant. La mise en garde des Allemands est sans doute une des raisons fondamentales qui ont poussé Nietzsche à entreprendre la rédaction des *Considérations inactuelles*. Les attaques menées ici contre l'histoire ne sont pas gratuites, pures gymnastiques intellectuelles d'érudits : elles visent à réveiller des hommes oublieux de leur grandeur. Rien de plus urgent que ce combat pour la vie.

1. Cf. François Hartog, *Le Miroir d'Hérodote*, Gallimard, 1980.
2. Cf. Karl Löwith, *De Hegel à Nietzsche*, Gallimard, 1960.

6. Le despotisme de l'histoire

A travers la critique des Allemands, nous devons nous guérir de la maladie historique. Trop d'histoire, avons-nous vu, stérilise et tue. Nous finissons par croire en notre vieillesse, en notre achèvement, en notre mort prochaine. Nous avons perdu l'espérance de notre renaissance. Nous nous condamnons avec « ironie », quoiqu'il ne s'agisse plus, hélas, de la saine moquerie fondatrice qui vivait encore en Socrate. Au contraire, nous regardons nos actes de loin, comme s'ils n'étaient pas vraiment nôtres. Comment le seraient-ils, si nous les contemplons à travers les lunettes déformantes de la « chrono-logie », qui nous révèlent que nous sommes les « tard-venus ». Notre attitude est donc cynique plutôt que sincèrement ironique, dit Nietzsche, pleine de mépris moqueur à l'égard de nos propres valeurs.

Nous restons spectateurs de nous-mêmes, sans devenir jamais les acteurs de notre vie. Nous nous offrons en permanence des représentations, « expositions universelles » d'art et de savoir, où notre jouissance avide de ce que d'autres ont fait suffit à nous ravir. La guerre elle-même est vécue pour nous sur le mode spectaculaire, papiers imprimés au XIXe siècle, images au XXe, « présentée comme nouveau stimulant au gosier fatigué de l'homme avide d'histoire » (p. 113). L'histoire nous interdit d'assumer les drames, parce que à tous les sens du terme elle les médiatise. Nous jugeons des faits « accomplis », bons ou mauvais, justes ou injustes selon nos préjugés timorés. Bref, nous transformons tout en question d'histoire...

Les masques de l'histoire

Nous en sommes là parce que nous avons perdu le sens du sublime et, avec lui, celui de notre autodépassement. Nous coïncidons excessivement avec nous-mêmes, sans pouvoir nous exalter, au point d'agir en vue d'un but que nous ne pouvons pas « comprendre ». Nous commentons toujours ce que les héros, les artistes ont pensé, et pas assez ce qui leur est resté inaccessible et par quoi, justement, ils sont très grands. Il s'agit de libérer l' « animal divin », cet être à l'instinct contradictoire, enfermé dans son corps et exalté par son génie, sublime par essence ; faisant éminemment confiance à ce qui l'anime, à sa vie, plutôt qu'à son entendement. « Personne n'ose plus mettre sa propre individualité en avant, il prend le masque de l'homme cultivé, du savant, du poète, du politicien » (p. 114). Nous jouons de pauvres rôles, écrits par l'histoire, et nous sommes devenus les singes de ce que nous aurions pu être si nous avions préféré nos croyances à nos vérités. Nous préférons la bienséance, la mesure, la modération au délire de l'inspiration. En un mot, « la culture historique et le vêtement bourgeois règnent en même temps » (p. 114).

L'époque que traverse Nietzsche est la même que celle traversée par Marx ou Freud : celle du masque, du personnage convenable, qui n'a pas d'instinct avoué. Ni bonne conscience pharisienne, ni sexe, ni volonté colonialiste ; seulement une morale de la modération apparente. On ne veut pas être *réellement* ce que l'on croit être : tel est le sens du refoulement bourgeois.

Qui pourrait donc arbitrer le conflit de l'histoire et de l'art ? Qui pourrait parler de la vie sans retenue, et permettre les actes nécessaires à la survie ? La philosophie, dit Nietzsche ; ou plutôt le philosophe. De même, il lui avait fallu parler de l'historien et de l'artiste. Le philosophe est celui qui vit dans sa vie intérieure les exigences qu'il s'est à lui-même données. Il a reçu sa vocation de son démon, et lui a juré fidélité, quoi qu'il lui en coûte.

On ne saurait sans doute pas trouver de thèses plus impossibles que celles d'une philosophie de l'histoire qui exigerait en fin de compte sa propre négation. Les différents pouvoirs historiques sont tentés en permanence d'imposer une philosophie qui les conforte et les justifie. Ils nient a priori que la tâche de la pensée soit de permettre l'action, plutôt que de recouvrir la vérité sous le linceul de l'érudition.

La vérité authentique est « dé-voilement », alèthèia, et la philosophie est nue. Elle choque les principes de l'historien. Voilà pourquoi « la philosophie, dans les limites de la culture historique, est dépourvue de droits, si elle veut être plus qu'un savoir » (p. 116). La science tend à tout contaminer, et voile pudiquement la nudité qui l'offense. Elle aspire à transformer tout en discours imprimé, les faits comme les guerres ; comme les scandales. De Socrate, l'histoire de la philosophie *parle,* à l'infini. Les professeurs deviennent au bout du compte des « manuels en chair et en os, et en quelque sorte des abstractions concrètes » (p. 117). Rien n'est moins *philosophique,* pour Nietzsche, que l'avatar universitaire de la création intellectuelle, visage sans ressemblance avec les dieux, personnage sans risque.

Les espoirs de sauver l'homme de lui-même se réduisent au fur et à mesure que l'histoire examine les dangers et les transcrit en science. Les images sont moins dangereuses que les actes. Si on leur rendait leur transparence, on s'apercevrait vite ce qui fait de Démocrite, d'Héraclite, de Philon, de Bacon des héros. Mais leur audace nous manque, et l'historien de la pensée traite en égaux tous les sages, en vain.

Il est comme l'eunuque, pour qui « une femme est pareille à l'autre, une femme n'est qu'une femme, la femme en soi, l'éternelle inaccessible. Dès lors, il est indifférent de savoir ce que vous faites, pourvu que l'histoire soit conservée bien " objectivement ", c'est-à-dire par ceux qui ne sont jamais capables de faire eux-mêmes de l'histoire » (p. 118). Ce *faire* doit appeler toute notre énergie. Les auteurs ne servent à rien ; seuls les acteurs se risquent à créer. Ils jouent comme les enfants leur monde avec une sincérité sans mémoire ni savoir.

Les historiens, qui entraînent tous les hommes dans leurs filets, confondent l'œuvre écrite et l'œuvre des héros. Ils ne donnent jamais plus que l'écho de ce qu'ils auraient pu faire : sur l'encre la plus noire, « ces critiques appliquent aussitôt leur papier buvard » (p. 120).

La philosophie, à chaque pas, se rejoue et risque de se perdre. Contre Hegel, pour qui tout concourt à produire de l'histoire, même ce qui ne le sait pas [1], Nietzsche affirme que le héros tragique se donne à lui-même la force et la vie nécessaires à la sublime conscience de son éternité.

1. Hegel, *Principes de la philosophie du droit*, § 346-347.

II

LES REMÈDES A LA MALADIE HISTORIQUE

7. Le problème de la justice

Mais le héros tragique succombe à son ambition. Voulant trop, il rivalise avec le pouvoir des dieux. La sagesse lui demande en permanence de ne pas risquer sa vie. Nietzsche qui, au contraire, l'exige, admet que la mesure et l'histoire sont des maladies extrêmes, signes de « débilité ». Ayant mis en évidence les symptômes, il tente maintenant de suggérer des remèdes.

La question qui se pose en permanence est celle de la justice : *qu'est-ce qu'être juste ?*

La justice contre la raison

Celui qui fait de la justice une affaire de raison finit par mourir de neutralité, tué par l'équilibre excessif de son « objectivité ». Nietzsche voudrait lui opposer celui qui possède l'instinct et la force du justicier. Celui-ci évalue, et conçoit qu'il s'agit là de l'acte courageux de qui décide souverainement du sens. Il cherche avec assurance à imposer un ordre. « Tu dois », dit-il à celui qu'il juge, et c'est cela qui fait qu'on le respecte. La raison s'épuise à rechercher l'équilibre, ce qui revient au déni de justice, c'est-à-dire au contraire même de la justice.

Le magistrat véritable s'arroge la puissance de décider ce qui doit être. « Il veut la vérité, non point sous forme de froide connaissance, sans enchaînement, mais comme la justicière qui ordonne et qui punit ; la vérité non point comme propriété égoïste de l'individu, mais comme un droit sacré à déplacer toutes les bornes de la propriété égoïste ; bref, la vérité comme jugement de l'humanité et nullement comme une proie saisie au vol et un plaisir de chasseur » (p. 121). Quand il décrète ce qui est, le juge dit : *je veux que cela soit*. Il est dieu. Il n'est pas souverain à la manière du cogito cartésien qui voit dans l'indifférence le plus bas degré de sa liberté, lorsqu'on est impuissant à mesurer les différences [1]. Au contraire, dans le caprice sans raison, il exprime la vérité qui lui convient pour agir. Il fait ce qu'il veut faire, irrespectueux des autres intérêts.

Sans volonté décisive, pas d'action : *Que ma volonté soit !* est la parole du souverain considérable. Pas étonnant que les esclaves de l'équilibre trouvent fanatiques de tels juges, puisqu'ils s'arrogent la force de l'être en effet. Ils imposent un sens qui les sert, là où les autres s'acharnent à la « pure et stérile connaissance ». Nietzsche demande qu'on évalue la justice à l'*effort* accompli pour se l'approprier, parce qu'en elle la vie se dépasse vers plus de vie, plus de grandeur, plus de sublimité, en une course qui ne veut douter de rien.

En ce cas, comment tolérer l'historien virtuose de notre temps ? « Il est devenu un écho passif qui, par

1. Descartes, *Méditations métaphysiques*, IV, § 9 GF Flammarion.

son résonnement, éveille d'autres échos passifs, jusqu'à ce que l'atmosphère d'une époque soit remplie de l'entrecroisement subtil de pareils échos » (p. 123). L'harmonie universelle de Leibniz progresserait de la sorte. C'est pourquoi on peut alors parler d'optimisme. Nietzsche nous promet au contraire une vie tragique, pleine des désaccords dionysiaques de l'irrationnel, qu'aucun devenir historique ne saurait concilier. L'acteur agit pour vaincre une détresse. Il trouve une issue pour prévenir de n'en pas trouver une. Il craint tant de n'arriver à rien qu'il va, téméraire, où son instinct lui impose d'aller. Il n'y a d'acte ainsi conçu que fondateur, c'est-à-dire originel. En revanche, les discours s'encombrent des sécurités du passé. Nous y jouissons de ce qui est « mou », et l'histoire est l'édredon de notre sommeil.

L'historien hypnotise par ses précautions, soupesant les thèses illusionnistes, nous laissant confondre la modération morale et la justice incontestable. Or, dit Nietzsche, toute justice est contestable, puisqu'elle met la vie en cause, et que celle-ci se défend par tous les moyens contre ce qui l'agresse, à savoir les exigences des autres.

La raison du plus fort est donc fondamentalement la meilleure, tant qu'elle impose un sens de référence, obligeant les hommes et les peuples à penser comme elle le veut, à se comporter comme elle l'exige. En un mot, à réagir plutôt qu'à agir. Ceux qui endurent leur faiblesse se trompent en jouant sur la scène des tribunaux : personnages magistraux et non pas maîtres. Condamnant ici ou là l'époque ou les hérauts du temps, ils évaluent « les opinions et les actions passées aux opinions qui ont cours au moment où ils écrivent. C'est là qu'ils trouvent le canon de toutes les vérités. Leur travail, c'est d'adapter le passé à la trivialité actuelle » (p. 125). Le poids social est trop lourd au créateur. Il accroît l'importance des mesures de toutes les choses, cherchant en quoi elles sont bonnes ou mauvaises, au lieu de les imposer sans référence au bien et au mal.

Le mythe contre l'histoire

L'acteur est seul. Il suit sa vision intérieure et l'impose en artiste. Il prend l'esthétique en son sens premier. Il préfère ce qu'il voit à sa propre personne, et trouve dans le sacrifice un témoignage plus vif de sa certitude. L'historien devrait agir de la même façon, accueillant à la parole du monde, évitant de parler à sa place, préférant la séduction des choses à leur inutile vérité objective. Il devrait se laisser absorber par elles, jusqu'à l'extase. Nietzsche ne cherche pas la connaissance, mais demande qu'on se mette dans une situation où « les choses se reproduisent en quelque sorte par leur propre activité, se photographient sur un organisme absolument passif » (p. 125). Rien de moins historique que cela.

En effet, cela relève de la mythologie, de l'état premier de l'humanité, des recherches *fondamentales* du sens. Tel est pour Nietzsche le paradoxe absolu du moment créateur, qui est « précisément le moment de la fécondation, le plus violent, le plus actif et le plus personnel dans l'âme de l'artiste, un moment de suprême création, dont le résultat sera une peinture vraie au point de vue artistique, mais non pas au point de vue historique » (p. 126). Quand nous suivons cette démarche, nous devons bien admettre qu'elle nous mène vers la confusion de l'art et du sens du monde. L'histoire, qui prétendait expliquer le devenir de façon vraie, c'est-à-dire sans les aléas de la subjectivité, ne pouvait que la contraindre.

Nietzsche voit la justification du sens dans le moment fondateur où le héros et les dieux s'affrontent d'égal à égal en une tragédie[1]. Il définit un *mythe*. En lui s'exprime « son instinct artistique mais non point son instinct de vérité et de justice. L'objectivité et l'esprit de justice n'ont rien de commun » (p. 126). Écrire une considération intempestive sur le thème de l'histoire implique que l'on respecte la part du mythe.

La même démarche est à l'œuvre dans la définition de la philosophie que propose Nietzsche. Il s'oppose à Kant en particulier, en contestant le fondement « esthétique » de la connaissance, et en revendiquant une subjectivité transcendantale du goût. Les Grecs auraient plus clairement parlé du caprice des dieux. Nietzsche dénonce la prétention de l'historien à diviniser l'histoire, alors qu'au fondement de tout ce qui importe, il y a la volonté intransigeante « de remplacer ce qui est incompréhensible par quelque chose de compréhensible » (p. 126). Mais cela est une volonté artiste, que la science dénonce et tue.

Vivre se définit ainsi : vouloir imposer du sens au monde, et préférer un univers injuste auquel on participe à un univers parfait où l'on ne soit pas. Le poète exprime la vanité d'une cohérence, qu'il recherche d'acte en acte. La *poïésis* est cette action. L'historien, sans l'admettre, faisait de même. Il fallait le lui dire, *contre* son omnipotence, et encourir ses critiques.

Comme aucun sens ne peut prévaloir, entre les faits et gestes des hommes et leur vérité, seule la force a l'énergie suffisante pour faire croire *qu'il y a du sens.*

1. Cf. Pierre-Yves Bourdil, *Les Miroirs du moi*, *op. cit.*, chapitre 2.

Le sens est ce que fait le plus fort. Il détient la preuve qu'il a raison dans les victoires qu'il remporte sur les forces adverses. Ni plus ni moins. Aucune explication n'est convaincante, puisqu'elle présuppose à tort que du sens peut exister indépendamment des résultantes de l'ensemble des êtres qui peuvent encore vivre, c'est-à-dire agir.

Dans l'histoire un instinct agit, qui veut faire croire en son objectivité, en sa modération, en sa justice, en sa vérité ; alors qu'il se développe dans la négation de toutes les volontés qui le contredisent. Voilà pourquoi il faut combattre sa tentation d'omnipotence.

Contester l'histoire est même le combat le plus sain, car l'homme risque de s'y grandir à l'extrême : « Le drame lui-même ne serait qu'un long détour, un chemin pénible et tortueux, pour arriver au but. J'espère donc que la signification de l'histoire ne se trouve pas dans les idées générales qui seraient en quelque sorte ses fleurs et ses fruits, mais que sa valeur consiste précisément à paraphraser spirituellement un thème connu, peut-être ordinaire, une mélodie de tous les jours, pour l'élever jusqu'au symbole universel, afin de laisser entrevoir, dans le thème primitif, tout un monde de profondeur, de puissance et de beauté » (p. 128).

Une vision artistique de l'histoire

La réponse au problème de l'homme est dans l'art, et en particulier dans la musique, expression s'il en est où l'homme devient sublime, puisqu'il exprime le monde en une langue qui dépasse celui qui l'utilise. Dans la musique, le musicien s'accorde à la divinité. Cela ne peut pas être confondu, pour Nietzsche, avec l'harmonie leibnizienne, par exemple, et la sorte de musique qui en provient[1]. Quand Leibniz y fait allusion, c'est parce qu'elle ressemble à une mathématique calculable ; alors que Nietzsche y décèle la puissance créatrice démesurée d'individus uniques. A l'époque des *Considérations intempestives*, Wagner est un héros qui change l'histoire de l'Allemagne grâce à sa musique. A la fois philosophe, artiste et fort, il a tout pour être exemplaire ; il correspond aux portraits que Nietzsche trace du grand homme dont l'Allemagne a besoin.

On peut voir, en effet, dans les opéras wagnériens l'expression du mythe encore assez vivace pour agir dans les consciences de la fin du XIXe siècle et les stimuler au point d'obtenir d'elles l'ambition de changer le cours du monde. *Tristan, Lohengrin, Tannhäuser* représentent des types, à la fois au-dessus du réel et solidaires des données empiriques, conformes à ce que Nietzsche attend, assez crédibles pour engendrer en Louis II un roi dont la politique est tout entière inspirée par l'art. Nietzsche tient là un modèle de l'histoire selon son goût. Nous sommes en 1875, et il n'est pas encore désabusé, comme il le sera plus tard, par l'évolution de ses modèles...

Pour l'instant, il demande que les forces créatrices d'images soient libérées des contraintes de la science historique, qui n'en retient que des concepts. Les historiens admettent bien à tort qu'ils sont d'autant plus compétents pour décrire un événement passé qu'ils sont moins concernés par lui. L'indifférence est la caractéristique principale de leur style, qui croit se donner ainsi des airs d'indépendance.

Or, pour comprendre bien un fait, il faut se sentir lié à lui par les liens les plus sacrés. C'est là le seul

1. Leibniz, *La Cause de Dieu, op. cit., p. 48-49.*

moyen d'en parler avec art. On comprend que les mythes seuls aient le privilège de vivre encore, lors même qu'ils nous viennent de la nuit des temps. Les personnages historiques ne peuvent nous intéresser que s'ils se sont donné un type éternel. Nous aimons en eux bien plus que les témoins d'une époque particulière. Ils nous attirent par tout ce qui en eux échappe à l'histoire : leur instinct nous habite toujours, et nous pousse à agir [1].

Nous devons cependant nous méfier de notre exaltation. Nous pouvons nous identifier à de tels héros, et n'être que des agités momentanés. Il ne s'agit pas de nous poser en égaux d'Alexandre pour en recueillir l'héritage. Nous agissons souvent comme des historiens qui rabaissent le passé glorieux à leurs mesures, et soupçonnent leur grandeur dans le seul fait qu'ils sont les « tard-venus ». Il y a une tentation à laquelle Hegel n'échappe pas, qui consiste à dire que l'histoire progresse, et que l'époque présente est la résultante des époques passées ; qu'elle est *donc* plus riche.

L'historien qui a « la redoutable vocation d'être un juste » doit être non seulement le contemporain de cœur de ceux dont il parle, mais il doit leur être supérieur. *Afin d'agir mieux qu'eux.* Il ne reproduit pas des moments de l'histoire dans des livres, mais il transforme en une vérité toute nouvelle ce qui est connu de tous. Il utilise les matériaux que les ouvriers du passé entassent et trient pour bâtir un monument sans archétype. Il ne connaît pas la fin des événements qu'il traite, mais il crée celle qu'il veut pour eux. Il est toujours tourné vers l'avenir, même lorsqu'il se repré-

1. Cf. Pierre-Yves Bourdil, *Les Miroirs du moi*, *op. cit.*, chapitre 5.

sente le passé. Sa question n'est pas : *Que s'est-il passé ?*, mais : *Que faire avec le passé ?*

Nietzsche a toujours distingué les tâcherons et les acteurs. Il divise les disciplines en deux sections, l'une subalterne, de savants patients qui cherchent les matériaux ; l'autre exaltante, d'esprits supérieurs qui bâtissent les chefs-d'œuvre. La société est comprise sur le modèle de la ruche où une multitude d'ouvriers travaille sans trêve pour l'unique profit d'un monarque géniteur. Mais là où nous serions tentés de dénoncer un élitisme dangereux, Nietzsche veut voir une forme du sublime, dans laquelle chacun se dépasse lui-même. « C'est l'homme supérieur et expérimenté qui écrit l'histoire. Celui qui n'a pas eu dans sa vie des événements plus grands et plus sublimes que n'en ont eu ses semblables ne sera pas à même d'interpréter ce qu'il y a dans le passé de grand et de sublime. La parole du passé est toujours parole d'oracle » (p. 131). Ceci n'est possible que dans le champ du mythe, dont les héros sont tous contemporains. L'histoire, pour Nietzsche, *doit* être impossible.

8. L'instinct historique

Le savoir historique porte en lui une menace : il tend à être universel et à « régner sans frein ». Ceci serait tolérable s'il n'était tout entier tourné vers un passé qui « déracine » l'avenir, interdit toute fondation, reste enfermé dans des vérités closes.

Il faut valoriser, au contraire, l'instinct tourné vers l'avenir. Comme, bien entendu, il ne sait pas où il va, il s'illusionne sur ses projets. Mais cela a encore une valeur positive : c'est parce qu'elle s'illusionne que la vie trouve l'énergie de construire. Tout ce qui est grand a été fondé ainsi, religions, philosophies, arts. L'homme agit par amour, pariant sur le caractère éternel de sa passion présente. L'amour transforme tout en beauté, et c'est seulement si l'histoire se métamorphose en œuvre d'art, donc en une pure création esthétique, qu'elle peut *valoriser* les instincts qui la font exister.

L'homme nietzschéen, en retrouvant sa part d'instinct, retrouve le caractère mythique des grandes religions. Le christianisme, comme les autres croyances considérables, repose sur une utopie congénitale. Mais il fonde aussi la conscience historique en admettant que son Dieu, venu une fois changer le cours du monde, reviendra le clore à la fin des temps. Le chrétien devrait donc être un sublime artiste, stimulé sans cesse par cette conscience. Or, l'histoire l'a contaminé et rendu malade : le voilà content de sa théologie et des discours qui prétendent donner à la foi un contenu historique. Connaître le christianisme, dit Nietzsche, équivaut à l'avoir réduit à l'état de cadavre dépecé.

Les besoins du temps prennent toute la place, rendant esclaves des foules d'individus qui s'aliènent à lui. Ils travaillent dans l' « usine de l'utilité publique », empêtrés dans une tâche stérile qui se contente d'elle-même. Pensons brièvement au *Château* de Kafka. L'esprit du temps est tautologique et se complaît dans l'autosatisfaction. Il s'affaire à ne servir à rien.

L'université remplace la vie. Les étudiants s'initient à l'histoire diplomatique, et finissent par se croire dignes d'être responsables du cours du monde. Pourtant, ils n'ont jamais été confrontés à aucun *drame*, ni guerre, ni lutte économique, ni rivalité diplomatique. Leur vocabulaire leur tient lieu d'arme. Ils veulent être les maîtres du monde, quand leurs études n'ont pas plus d'importance que les batailles peintes des musées. Ils ont parcouru l'histoire à la hâte, de l'extérieur, spectateurs seulement des tragédies dont ils n'ont pas appris à posséder l'énergie. On parle d'eux, mais jamais ils ne seront les héros de leur époque. Leur portrait, au moment où ils accèdent au pouvoir, est déjà prêt pour les musées et les livres. Ils n'intéressent personne, parce qu'ils ne sont pas intéressés par l'avenir du monde. Gérer le présent leur suffit. Ils construisent pierre à pierre des tas de pierres, et parlent de bâtir des pyramides. Ils « vulgarisent » l'histoire, et l'expliquent tant, qu'ils ne disent plus rien.

Ils se confondent avec ceux qui leur font la cour. En dehors du petit domaine circonscrit de leur savoir, ils sont eux-mêmes le public à qui d'autres spécialistes viennent parler. En tout, ils se mettent à la place de l'auditeur, pensent d'abord à se placer à son niveau et, de crainte d'être jugés obscurs et compliqués, ils « infantilisent » leur science. Les médias aujourd'hui confirment à l'envi ce point de vue du spectateur panoptique.

9. Comment guérir de la maladie historique ?

Cette distance, cette *médiatisation* du savoir fait que les historiens ont une relation « ironique » à leur époque. Ils se tiennent toujours à l'écart de ce qu'ils affirment. Ils ne parlent ni n'agissent, mais s'écoutent parler et se voient agir. Ils ne réfléchissent pas : ils *se* réfléchissent. Ils portent sur eux-mêmes en permanence le regard d'autrui. Cela n'a rien à voir, on s'en doute, avec la saine ironie socratique, fière d'être fondatrice, consciente de rompre les habitudes acquises.

La vie contre l'instinct de mort

Les historiens, pourtant, ne sont pas dupes tout à fait. Ils ont appris dans leurs études que les grands hommes n'agissaient pas comme eux, mais ils pensent que cette époque est révolue et qu'il faut dorénavant travailler indéfiniment au bilan du passé.

Ils se réfugient, disent-ils, dans un « scepticisme universel ». Ils restent en retrait de tout, comme des patriarches, car ils se placent dans la croyance en la « vieillesse de l'humanité ». N'ayant rien accompli, ils sont pourtant désabusés et résignés à l'être. Ils regardent vers l'arrière, toujours. Nous trouvons en permanence cette considération sous la plume de Nietzsche. Le XIXe siècle se conçoit, à tort sans doute, comme un aboutissement de l'humanité. Or, l'homme de ce temps n'est pas moins qu'un autre susceptible de fonder des âges nouveaux. Il faut croire qu'il préfère se suicider...

Nietzsche met cette folie sur le compte du christianisme. Cette religion, en même temps qu'elle a suscité la conscience de l'histoire, a imposé celle, négative, du mépris de la vie. Dans la science historique, le christianisme et sa morale du refus du monde sont en train de vaincre. L'impératif catégorique de Kant leur a donné une forme philosophique extrême, en valorisant de façon absolue les actes que l'on accomplit *contre* sa nature. Le devoir vaut pour lui plus que le bonheur [1], de la même façon que le savoir valait plus que la beauté, ainsi qu'on l'a vu plus haut.

Nous vivons actuellement le malentendu chrétien de façon terrible, dans la croyance paralysante en la fin du monde, et nous attendons le Jugement dernier dans la terreur : « Malgré ses pressants coups d'aile historiques, la science n'a pas pu briser ses entraves et s'élancer dans l'air libre ; un profond sentiment de désespoir est demeuré et a pris cette teinte historique qui obscurcit aujourd'hui et rend mélancolique toute éducation et toute culture supérieures » (p. 143).

Nous assistons bien à la tragédie de l'espèce humaine, bien que l'histoire, dit Nietzsche, nous fasse vivre en permanence son cinquième acte. Nous sommes loin du jaillissement de la *naissance* de la tragédie. Le créateur vit d'abord les premiers actes du drame. Son dénouement lui importe peu : il le laisse en héritage. L'Inconnu seul a de la valeur, et le futur est, de toutes les ignorances, celle qu'il est le plus beau d'assumer. Mais cela est païen et, nulle part, chrétien. Héraclite, aux yeux de Nietzsche, vaut infiniment plus que saint Paul, parce qu'il recommande de s'abîmer dans le flux du devenir, au lieu d'en espérer obstinément l'achèvement.

La guérison de cette maladie s'obtient par l'innocence recouvrée. Il faut cesser de revendiquer un péché originel. La vie n'est pas une faute, et les historiens sont absurdes. « De pareils êtres tard-venus vivent d'une existence ironique : l'anéantissement suit de près leur carrière boiteuse ; ils frémissent lorsqu'ils veulent se réjouir du passé, car ils sont des mémoires

1. Kant, *Fondements de la métaphysique des mœurs,* deuxième section.

vivantes, et pourtant leur pensée sans héritiers est dépourvue de sens » (p. 147).

Nietzsche contre Hegel

Nietzsche a pris chez Schopenhaueur son dégoût pour l'hégélianisme qui trouve dans l'histoire le moyen de tout stériliser. Hegel a en effet tendance à penser que l'évolution est un progrès, au sens où l'Esprit se réalise de plus en plus et de mieux en mieux. On sait que pour Hegel *Dieu* se produit dans ce mouvement infini. Ainsi le XIXe siècle allemand est-il un accomplissement. La raison trouve chez les Allemands son être plein, sa divinité. Hegel conclut l'histoire de l'Esprit dans le sens de la plus haute plénitude, quand tout ce qui s'est passé et ce qui s'est pensé jusque-là sera assemblé en une unité. Il y voit la représentation définitive de la liberté [1]. Le programme de la *Phénoménologie de l'esprit* et de la *Science de la logique* s'accomplira ainsi [2]. Cela suppose un projet a priori, toujours déjà *passé* à chaque étape de son avènement.

C'est ce que Nietzsche n'accepte pas. Là où, dans l'expression de la « vieillesse de l'Esprit » Hegel énonçait la sagesse et le savoir arrivés à leur but, Nietzsche, on l'a vu, dénonce l'attitude la plus négative qui soit, puisque l'homme n'y pense plus qu'à sa mort.

Hegel a érigé l'histoire en succédané de religion, lui donnant la forme d'une foi dans la raison des événements, qu'il convient de railler : « On a appelé par dérision cette interprétation hégélienne de l'histoire la

1. Cf. Hegel, *La Raison dans l'histoire, op. cit.*
2. Hegel, *La Science de la logique,* tome I, livre I, chapitre 1.

marche de Dieu sur la terre, lequel Dieu n'a du reste été créé lui-même que par l'histoire. Ce dieu des historiens n'est arrivé à une claire compréhension de lui-même que dans les limites que lui tracent les cerveaux hégéliens ; il s'est déjà élevé par tous les degrés de son être possible, au point de vue dialectique, jusqu'à cette auto-révélation : en sorte que, pour Hegel, le point culminant et le point final du processus universel coïncideraient avec sa propre existence berlinoise » (p. 148). On a là un bon exemple du ton polémique...

Cela a pour effet de nous montrer que les pensées peuvent se métamorphoser et changer de masque. Les hégéliens de la fin du siècle dernier critiquèrent le christianisme, qui fut en un sens leur grand problème[1]. Nietzsche n'échappe pas à cet esprit du temps. Mais lui perçoit que l'histoire est devenue l'avatar de toutes les mythologies et de toutes les religions. « Voyez donc la religion de la puissance historique, dit-il, prenez garde aux prêtres de la mythologie des idées et à leurs genoux meurtris » (p. 149). Sous forme historique, le christianisme est en train de coloniser toutes les croyances, en même temps que les Occidentaux colonisent la planète entière. C'en est fini des génies propres des nations, comme est en train de mourir la possibilité de paganismes nouveaux. La philosophie hégélienne est une philosophie du logos chrétien. Elle transcende toute autre théologie, et cela lui est congénital, puisque dans la notion d'*Aufhebung* (que nous traduisons maladroitement par le terme *synthèse*), toutes les contradictions sont dépassables.

Il y a une conception morale du monde que

1. Cf. Karl Löwith, *op. cit.*, chapitre 5.

Nietzsche condamne de toutes ses forces, celle qui exige comme une *loi* de la raison l'obéissance de l'univers entier à des impératifs antinaturels. Agir à l'opposé de son instinct revient à faire ce que la raison demande. Mais que demande-t-elle, sinon la mort ou, ce qui pour Nietzsche revient au même, l'histoire absolue ? Celui qui lutte contre l'histoire, en ce cas, nous ressuscite. Il devient urgent d'établir une mythologie qui nous débarrasse des morales et des religions, en restaurant l'époque des héros. Nous savons que Zarathoustra y parviendra en 1883.

10. Quelle utilité pour l'histoire ?

Peut-être pourrait-on reprendre, à Zarathoustra justement, l'interjection ultime que Nietzsche adresse à l'histoire : « Là seulement où il y a des tombeaux, là seulement il peut y avoir des résurrections [1]. » Notre temps pourrait-il être un « fondateur de race » ?

Le réquisitoire acharné contre l'histoire veut exacerber notre orgueil, au point de nous troubler. Notre savoir tend vers l'infini tandis que notre pouvoir tend à s'éteindre. A nous d'assumer la situation paradoxale de notre époque pour la sauver.

Malgré tout, l'histoire nous enseigne que de grands hommes sont possibles. Cela est à mettre à son actif : Napoléon, Goethe ou, pour le combattre, Hegel sont exemplaires. Gardant tout dans sa mémoire, elle conserve aussi les actions des héros véritables, que

1. Nietzsche, *Ainsi parlait Zarathoustra,* « Le Chant des tombes ».

nous devons apprendre à décrypter. Les êtres rares peuvent inspirer d'autres êtres rares vivant à présent, solitaires dans un désert historique, et capables de produire un sursaut salutaire. Le personnage de Zarathoustra est en germe dans un propos comme celui-ci, qui le précède de dix ans : « Un géant en appelle un autre, à travers les intervalles déserts des temps, sans qu'ils se laissent troubler par le vacarme des pygmées qui grouillent à leurs pieds, ils continuent leurs hautains colloques d'esprits. C'est à l'histoire qu'appartient la tâche de s'entremettre entre eux, de pousser toujours à nouveau à la création de grands hommes, de donner des forces pour cette création. Non, le *but de l'humanité* ne peut pas être au bout de ses destinées, il ne peut s'atteindre que *dans ses types les plus élevés* » (p. 159).

On pourrait examiner ces lignes à la lumière de la *Considération intempestive* que nous sommes en train de parcourir. Son auteur ne sait pas où il va, mais il est déjà en train de créer le type de caractère dont sa destinée a besoin. *Nous* le savons, et pouvons être intrigués, quand nous lisons les premiers mots du chef-d'œuvre de Nietzsche. Voici : « Lorsque Zarathoustra fut âgé de trente ans, il quitta son pays, et le lac de son pays, et s'en fut dans la montagne. Là il jouit de son esprit et de sa solitude pendant dix années, et ne s'en lassa point. » Si l'on s'amuse à compter les années, on s'aperçoit que le même écart sépare la réflexion de Nietzsche sur l'histoire et son accomplissement dans *Ainsi parlait Zarathoustra*[1]. Pour lui, ce à quoi il aspirait s'est réalisé. Le texte de jeunesse d'un philologue, âgé de trente ans

1. *Ibid.*, « Du pays de la culture » ; « De l'Immaculée connaissance » ; « Des savants ».

comme son héros futur, prend alors un éclairage troublant.

De l'utilité d'une critique de l'histoire

L'histoire n'est donc pas inutile, pour peu qu'on sache s'en abstraire. Quelques rares exceptions y parviennent, qu'il faut par conséquent favoriser. Nul doute que Nietzsche soit élitiste. Il dénie aux « masses » tout droit à jouer un rôle moteur dans leur propre destinée, parce qu'il estime qu'elles sont condamnées à l' « utilitarisme vulgaire ». Elles ne sont que les instruments des grands hommes, qui les dirigent selon leurs caprices, et au profit de leurs intérêts égoïstes.

Le héros est despotique par essence. Il ne vit qu'à ce prix-là. Il n'est certes pas tel que le décrit Hegel, celui qui exprime les attentes d'un peuple, qui saisit au nom de tous l'esprit du temps, qui dit le premier ce que les hommes veulent, et qui en retire une autorité *légitime*[1]. Les « démocrates » sont pour Nietzsche des démagogues, qui flattent dans la foule leur propre médiocrité. Les « masses » sont insensées : en elles le désordre seul peut régner, et aucun ordre ne peut jamais en être issu, ou alors militaire, par obéissance aux chefs. Comment appeler grande la triste agitation dont les masses sont capables ? La religion est faite pour elles, et cette opinion rejoindrait aisément celle de Spinoza, pour qui la foi est toujours synonyme d'obéissance[2].

Il est inutile de rechercher ce que le plus grand nombre souhaite. Y parviendrait-on, qu'on retrouve-

1. Cf. Hegel, *La Raison dans l'histoire, op. cit.*, p. 120-130.
2. Spinoza, *Traité théologico-politique*, chapitre XIV.

rait surtout la grandeur d'un héros fondateur, et jamais celle de ses disciples. « Quand une masse grossière a trouvé qu'une idée quelconque, par exemple une idée religieuse, était bien adéquate à elle-même, quand elle l'a défendue âprement et l'a traînée après elle pendant des siècles, alors, et alors seulement, l'inventeur et le créateur de cette idée sera considéré comme grand » (p. 163).

Tout semble opposer Nietzsche et l'héritage marxiste de l'historicisme hégélien. Il trouverait dans le culte de la personnalité une nécessité et non une déviation, une fatalité et non une erreur. Il refuse à la philosophie le droit de se tourner vers l'extérieur et de devenir une pratique du monde sous la forme d'une philosophie de l'État. Il n'y a pas pour lui de système politique digne d'être grand. N'est grand que ce qui est beau, c'est-à-dire unique et rare, propriété de l'élite seule. Les masses sont *fondamentalement* incapables d'agir. Toute tentative en ce sens est vouée à l'échec, après avoir été, cependant, transformée en puissance religieuse. Un mouvement populaire est, pour Nietzsche, d'essence religieuse lorsqu'il obtient un quelconque effet. Dès lors, ses héros deviennent prophètes, et leurs images sont idolâtrées.

Cela est le fait d'un esprit vieillard, et Nietzsche laisserait volontiers les morts enterrer les morts, si l'avenir n'était pas lui aussi en danger de mort. Il veut sauver la jeunesse et lui donner l'ambition de fonder, dont la maladie historique le prive. L'excès du sens historique dont souffre le présent peut extirper les instincts les plus vigoureux de la jeunesse et lui faire perdre, avec le goût du risque, celui du sublime. L'histoire « s'entend même à frustrer la jeunesse de son plus beau privilège, à lui enlever sa force d'accepter une grande idée, dans un élan de foi débordante, de faire naître du fond d'elle-même une idée plus grande encore » (p. 166). On retrouve sa hantise d'une histoire qui « déracine l'avenir ». Il va conclure sur cette espérance : délivrons-nous des patriarches, et laissons advenir le règne de la jeunesse. En un mot : délivrons-nous de l'histoire.

11. L'enseignement véritable de l'histoire

Avec l'oubli de l'histoire, les cieux vont enfin se vider de leurs idoles. Les religions, on l'a vu, survalorisent les faibles et font croire en l'action populaire. Or, la jeunesse ne s'épanouit pas dans l'au-delà ; elle doit apprendre à vivre ici-bas, dans l'immanence. C'est pourquoi le cri d'espoir est : « Terre ! » La terre est exemplaire pour Nietzsche du paganisme et, jusqu'au bout, il demandera l' « amour de la terre » que viendra enseigner Zarathoustra.

Il ne faut pas se leurrer, pourtant. Le siècle est très malade, et sera sans doute sacrifié. Ce n'est pas pour lui que Nietzsche revendique la force. Il ne s'est jamais cru le dépositaire de l'héroïsme qu'il réclame. Il établit un diagnostic. Il appelle les grands hommes futurs à se manifester mais, pas plus que Zarathoustra, il ne vient pour nous sauver. Il annonce « ce qui se passera dans les deux siècles à venir ». Si nous pouvions oser une image, nous dirions qu'il est Jean-Baptiste, et non le Christ...

La jeunesse contre les masques

La jeunesse, qu'il s'agit de libérer, n'est pas pour lui une fin en soi. Elle est le signe d'une espérance possible. « J'ai confiance, dit-il, en la puissance inspiratrice qui, à défaut d'un génie, conduit ma barque, j'ai confiance en la *jeunesse* et je crois qu'elle m'a bien guidé en me poussant maintenant à écrire une *protestation contre l'éducation historique que les hommes modernes donnent à la jeunesse* » (p. 168). Ce qui caractérise l'adolescence, ce n'est pas une existence encore brève, mais une force vitale qui traverse les temps et pousse les êtres à agir. Le jeune est accroché au singulier, avide de l'avenir. Il veut modifier l'ordre du monde. Il refuse l'univers tel qu'il est et suppose qu'il va, lui le premier, organiser les choses de telle sorte que le monde sortira des ornières où le passé l'a embourbé.

La satisfaction d'un intérêt général lui apparaît comme la trahison d'un impératif absolu. Il s'octroie une intelligence plus noble, et un désintéressement plus vif que ceux des hommes qui gèrent la réalité et sont tenus de pactiser avec les forces qu'ils rencontrent. Il n'admet pas que le réel puisse être rationnel, et se sépare, sur ce point encore, de l'ambition de Hegel, telle qu'elle s'exprime, par exemple, dans l'introduction des *Principes de la philosophie du droit*.

Est jeune ce qui peut engendrer, de sorte qu'un humain d'âge mûr peut être le dépositaire du plus grand dynamisme. La jeunesse est ce qui risque de mourir par la faute de l'histoire. Elle est impersonnelle, et ne saurait être abâtardie par la démagogie honteuse de ceux qui clament leur « amour des jeunes », pour mieux les stériliser en les enfermant dans une toile d'araignée au cœur de laquelle « être jeune » serait une fin en soi. Notre société de consommation étouffe de cette hypocrisie-là. On fait semblant de n'y point mourir et, pour cela, on se met à l'infini des masques sans rides apparentes [1]. Pensons un instant à la publicité.

Il est vrai, au demeurant, que les adolescents sont des cibles privilégiées. Avec l'histoire, c'est l'enseignement qu'il s'agit encore de sauver. Il est urgent de substituer la vie au savoir, on l'a noté en permanence. L'enseignement de l'histoire donne trop de passé à des êtres que cela rendra impuissants à se dépasser. Leur esprit sera encombré d'une lourdeur immense. On détournera leur regard du futur, pour le fasciner avec « une quantité énorme de notions tirées de la connaissance très indirecte des époques passées et des peuples évanouis et non pas de l'expérience directe de la vie » (p. 171). Là encore, Nietzsche oppose l'esthétique à l'érudition, l'instant non historique créateur au trop long passé. L'enseignement est devenu un culte du musée, dans toutes les disciplines, histoire des sciences, histoire de la philosophie, histoire de l'art, histoire de la vie... Il ne cesse de donner le sentiment que « tout est accompli », et qu'il n'y a plus rien à entreprendre.

Les moyens de la résurrection

Apprendre à vivre dangereusement est la tâche de la première génération des hommes nouveaux. Ils auront à se défendre contre la nature timorée qui leur a été inculquée. Goutte à goutte, ils apprendront à savourer la médecine qui les délivrera de la maladie historique, même si elle leur paraît étrangement amère. La jeunesse sera, littéralement, nue, sans le moindre atour culturel, puisque tout ce dont elle hérite est mauvais et empoisonné par l'histoire.

1. Cf. Jean Ziegler, *Les Vivants et la mort*, Seuil, 1975.

Reprenant l'image célèbre de la caverne platonicienne, Nietzsche la détourne de son sens. Ne disons plus que des âmes emprisonnées vont se délivrer dans la philosophie et rejoindre progressivement la Vérité. Proclamons, au contraire, que la jeunesse est à elle-même sa propre énergie. « Déchaînez-la et, par elle, vous aurez délivré la vie. Car la vie était seulement cachée et emprisonnée » (p. 173). La vérité n'était donc pas dévoilement, *aléthèia*, comme elle le prétendait pourtant, mais voilement historique de l'énergie vitale, du paganisme préphilosophique, préreligieux, préchrétien. Il y a trop de prémices chrétiennes en Platon pour que Nietzsche ne soupçonne pas cette pensée. Il veut se replacer au même moment historial, afin de recommencer autrement l'aventure humaine. Sa critique de la forme contemporaine de la culture est, avant tout et en fin de compte, une dénonciation de la forme contemporaine de l'humain.

Mais nous sommes encore malades de cela ; nous croyons en un être vide, et non pas en la vie. Nous ne sommes pas des *animaux*, ironise Nietzsche, mais des *cogitaux !* Tous les noms que nous utilisons sont des poisons. Les premiers contrepoisons se nommeront *non-historisme* et *super-historisme*. Grâce à eux la vie retrouvera sa « faculté plastique ». Disons-le autrement : en nous débarrassant du culte de l'histoire, nous pouvons retrouver la conception artistique de la vie. Nietzsche, à partir de là, peut définir le non-historisme comme pouvoir d'oublier, et le super-historisme comme celui de détourner le regard du devenir. En un mot, nous devons nous concevoir nous-mêmes, et chacun, comme un univers auto-suffisant, indépendant de quiconque. Si nous pouvions oser la comparaison, nous dirions que le héros nietzschéen est une monade libérée de Dieu[1]. En elle l'éternité s'incarne enfin.

Bilan d'un « attentat »

Le texte se clôt sur la mission qu'il confie à la jeunesse, et que les œuvres suivantes développeront de plus en plus comme volonté de puissance. Tel n'est pas ici notre propos, et nous pourrions renvoyer par exemple à l'analyse de Martin Heidegger[2].

La vie, qui est la jeunesse même, souffrira encore longtemps de la cure de désintoxication qu'on exige d'elle : le mal et son remède cohabiteront en elle. Mais sa santé est telle qu'elle pourra vaincre. La mission que confie Nietzsche à la vie s'oppose à la culture du temps, et semble monstrueuse. Le ton polémique la rendra d'autant plus insupportable. Mais sans impertinence, l'histoire et le savoir auraient vite entrepris la rédaction de toutes sortes de thèses sur un « point de vue discutable ».

Faisant fi du point de vue historique, Nietzsche s'exprime déjà dans l'optique du mythe. Il faut entendre par là qu'il donne à son propos une valeur intemporelle et irréductible, veut-il croire, à l'époque où il l'a rédigé, laquelle, hélas, est transie de part en part de l'exigence temporelle. On pourrait analyser ce caractère du XIXe siècle finissant[3]. Mais Nietzsche ne veut pas le savoir. Il confère à sa « parabole » une valeur anti-historique, grâce à laquelle son espérance est vraiment *inactuelle*. Il court le risque d'imposer une forme de pensée poétique.

1. Cf. Pierre-Yves Bourdil, *La Cause de Dieu, op. cit.*, présentation.
2. Cf. Martin Heidegger, *Nietzsche, op. cit.*
3. Cf. Karl Löwith, *op. cit.*

Il écrit ceci : « Renvoyant [les] incrédules au temps qui fait tout venir au jour, je m'adresse pour conclure à cette société de ceux qui espèrent, pour leur raconter, en une parabole, la marche de leur guérison, leur délivrance de la maladie historique, et par là leur propre histoire jusqu'au moment où ils seront de nouveau assez bien portants pour pouvoir recommencer à faire de l'histoire, pour se servir du passé à ce triple point de vue, au point de vue monumental, antiquaire ou critique » (p. 177).

Nietzsche anticipe. Son espérance s'exprime au futur antérieur, et son propos est une fable. Poète, il assume le sort que Platon réservait aux artistes lorsqu'il les couvrait d'honneurs, en même temps qu'il les chassait de la cité[1]. Sa vie et la postérité l'ont confirmé excellemment.

Il se replace au moment même où l'Occident se fonde, pour se prendre à rêver que l'oracle de Delphes, demandant qu'on se connaisse soi-même, *a obtenu* une autre réponse que celle du savoir historique. Il ne veut pas tolérer qu'il en ait été autrement. Ce mépris des faits nie l'histoire, afin de donner sa chance à l'artiste. Désespéré, il aspire néanmoins à recomposer l'univers de façon absolue. Telle est la contradiction inouïe que Nietzsche entreprend de *réaliser*.

Ce que les Grecs ont fait, pourquoi un Allemand en serait-il incapable ? *Organiser le chaos* est la mission de chaque artiste dès qu'il échappe à son temps et rivalise avec les dieux.

La parabole intempestive s'applique à chacun d'entre nous. Parce qu'elle est sublime, elle excède la mesure humaine. Elle fait peur. Cela suffit à susciter

1. Platon, *La République*, III, 398 a GF Flammarion.

le risque que l'on court à la réaliser : elle n'en sera que plus *belle*. Nietzsche reste marqué par une conception tragique de l'existence. Il organise le « décor de la vie » et nous demande de le respecter en nous dépassant nous-mêmes. Dans la tragédie, les chœurs trahissent parfois la voix des dieux, traçant ainsi pour nous le plus beau des décors.

*
**

Nous venons de parcourir le propos de Nietzsche, et nous avons clairement aperçu qu'une analyse traditionnelle ne l'aurait pas vraiment expliqué, puisqu'elle n'aurait pu le faire qu'à partir d'une *histoire* de la philosophie, que le texte s'obstine à dévaluer. Nous avons cru notre point de vue plus fidèle.

Rien ne nous empêche, pourtant, de revenir brièvement sur la leçon que nous avons reçue.

Nietzsche condamne une conception passéiste de l'histoire, qu'il reprend à son initiateur, Schopenhauer[1]. Selon cette conception, l'histoire doit se contenter de recenser les événements passés, arrivés une seule fois. Il ne peut donc y avoir de système en histoire, puisque aucune loi générale ne peut raisonnablement être induite d'une somme de cas uniques. Une science doit au contraire se donner les moyens de dominer le particulier, pour apercevoir la raison d'être des choses, de telle sorte qu'on puisse *prévoir* les cas semblables qui se produiront à l'avenir. De tout cela l'histoire est incapable. Elle a la prétention irréaliste d'être une science du singulier ; ce qui est contradictoire. Comme, de plus, le futur est par essence

1. Schopenhauer, *Le Monde comme volonté et représentation*, PUF, 1966, p. 1179-1180.

inconnaissable, l'histoire n'a, au mieux, qu'un intérêt anecdotique.

Contre l'historicisme des hégéliens de son temps, Nietzsche durcit cette critique. Il veut, littéralement, réécrire l'histoire de telle sorte que le sens nouveau ainsi donné aux faits décide de l'avenir. C'est ce que nous avons mis sous le thème de l'héroïsme. Ce n'est, décrète-t-il, qu'en partant de la plus haute force du présent qu'on peut avoir le droit d'interpréter le passé. Il n'est pas utile de bien comprendre : il s'agit, au contraire, de bien fonder, donc d'être injuste, et de préférer son égoïsme à tous les respects scrupuleux. Refusons de croire en une progression au terme de laquelle le présent serait *supérieur* au passé, sous le prétexte qu'il en serait la somme ou, du moins, la résultante.

Nietzsche demande qu'on récupère la conscience de l'histoire au lieu de se contenter d'une mémoration d'antiquaire. Le futur seul conférera aux faits et gestes présents un droit légitime, une justification. La théorie de Darwin, qui vient juste d'être énoncée, sert de bon prétexte. Dans la vie, comme dans toute évolution, les seules espèces qui survivent et se multiplient sont celles qui ont su se forger une constitution assez forte pour surpasser leur environnement. Nietzsche élargit cette proposition : la loi de l'histoire doit être aussi la loi du plus fort. Ne doit valoir que ce qui a du succès.

Il est inutile de chercher à comprendre des événements pour les maîtriser et, par exemple, rechercher des moyens pacifiques d'installer une harmonie universelle. Jamais, en effet, on n'a vu un pouvoir durable s'imposer sans violence, sans infraction au droit, sans crime. Il n'empêche que la moralité humaine s'est toujours accommodée de ces changements, pour que la postérité recueille des trésors qu'elle n'a cessé de mépriser. La moralité est toujours pharisienne. Otons-lui ce triste masque.

L'histoire est, pour Nietzsche, une construction artificielle pseudo-théologique : elle s'inspire d'une idée qui ne correspond en rien à la réalité que nous observons. Hegel est donc un scribe hypocrite lorsqu'il élabore une philosophie qui se ramène à une définition incessante de Dieu, fondée en priorité sur la base historique de la religion chrétienne. Le jeune philologue passionné par la pensée présocratique ne saurait tolérer l'effort hégélien pour réconcilier la conscience laïque et la conscience religieuse. Nietzsche milite au contraire pour une résurrection de la barbarie primitive, qu'il peint aux couleurs de l'art et de la tragédie grecque.

A toutes les médiations de la *Logique* hégélienne, il oppose la jouissance immédiate de l'esthétique, le bonheur instantané des sens qui admirent les actes lorsqu'ils sont spontanés, capricieux, divins.

L'histoire minimise les drames humains, les souffrances des artistes incompris, la conscience qu'ils en retirent d'appartenir à l'élite. La conception esthétique du monde implique la transcription des événements en fables, et des fables en mythes. Nous devons garder une vision stimulante des héros, les aimer de telle sorte qu'à cause d'eux nous puissions avoir toujours une histoire nouvelle à raconter. Nietzsche vient peut-être de l'obtenir de nous, puisque nous avons tenté de commenter sa parabole sur l'histoire. C'est l'assurance qu'elle nous séduit encore. Elle résonne en nos cœurs, palpite, et *vit* toujours.

Pierre-Yves BOURDIL

SECONDE CONSIDÉRATION INTEMPESTIVE

De l'utilité et de l'inconvénient des études historiques pour la vie (1874)

PRÉFACE

« Du reste je déteste tout ce qui ne fait que m'instruire, sans augmenter mon activité ou l'animer directement. » Ce sont là des paroles de Goethe par lesquelles, comme un *Ceterum censeo* courageusement exprimé, pourra débuter notre considération sur la valeur et la non-valeur des études historiques. On y exposera pourquoi l'enseignement, sans la vivification, pourquoi la science qui paralyse l'activité, pourquoi l'histoire, précieux superflu de la connaissance et article de luxe, doivent être sérieusement, selon le mot de Goethe, un objet de haine, — parce que nous manquons encore actuellement de ce qu'il y a de plus nécessaire, car le superflu est l'ennemi du nécessaire. Certes, nous avons besoin de l'histoire, mais autrement que n'en a besoin l'oisif promeneur dans le jardin de la science, quel que soit le dédain que celui-ci jette, du haut de sa grandeur, sur nos nécessités et nos besoins rudes et sans grâce. Cela signifie que nous avons besoin de l'histoire pour vivre et pour agir, et non point pour nous détourner nonchalamment de la vie et de l'action, ou encore pour enjoliver la vie égoïste et l'action lâche et mauvaise. Nous voulons servir l'histoire seulement en tant qu'elle sert la vie. Mais il y a une façon d'envisager l'histoire et de faire de l'histoire grâce à laquelle la vie s'étiole et dégénère. C'est là un phénomène qu'il est maintenant nécessaire autant que douloureux de faire connaître, d'après les singuliers symptômes de notre temps.

Je me suis efforcé de dépeindre un sentiment qui m'a souvent tourmenté. Je me venge de ce sentiment en le livrant à la publicité. Peut-être se trouvera-t-il quelqu'un qui, par ma description, se sentira poussé à me déclarer qu'il connaît, lui aussi, ce sentiment, mais que je ne l'ai pas ressenti d'une façon assez pure et primesautière, de sorte que je ne suis pas parvenu à l'exprimer avec la précision et la maturité dans le jugement qui convenaient en la matière. Ce sera peut-être le cas de l'un ou de l'autre, mais la plupart d'entre mes lecteurs me diront que mon sentiment est absolument faux, abominable, anti-naturel et illicite, que, de plus, en le manifestant, je me suis montré indigne du puissant courant historique tel qu'il s'est produit, on ne l'ignore pas, depuis deux générations, surtout parmi les Allemands. Or, il est certain qu'en me hasardant de décrire mon sentiment au naturel, je hâte plutôt que je n'entrave les convenances universelles, car, de la sorte, je fournis à beaucoup de gens l'occasion de glorifier le courant susdit. Pour ma part, cependant, je gagne quelque chose qui m'est encore plus précieux que les convenances, c'est d'être instruit et éclairé publiquement au sujet de notre époque.

Inactuelle, cette considération l'est encore parce que j'essaie d'interpréter comme un mal, une infirmité et un vice, quelque chose dont notre époque est fière à juste titre — sa culture historique —, parce que je crois même que nous souffrons tous d'une consomption historique et que nous devrions tous reconnaître qu'il en est ainsi. Goethe a dit à bon droit qu'en même temps que nous cultivons nos vertus nous cultivons aussi nos vices. Chacun sait qu'une vertu hypertrophiée — et le sens historique de notre époque me semble en être une — peut entraîner la chute d'un peuple aussi bien qu'un vice hypertrophié. Qu'on me laisse donc faire ! Je dirai, à mon excuse, que les expériences qui ont provoqué chez moi ces tortures, je les ai faites presque toujours sur moi-même et que c'est seulement par comparaison que je me suis servi des expériences des autres. Étant aussi l'élève des temps anciens, surtout de la Grèce, j'ai acquis sur moi-même, comme enfant de ce temps-ci, les expériences que j'appelle inactuelles. Ceci du moins j'ai le droit de me le concéder à moi-même, de par ma profession de philologue classique. Car je ne sais pas quel but pourrait avoir la philologie classique, à notre époque, si ce n'est celui d'agir d'une façon inactuelle, c'est-à-dire contre le temps, et par là même, sur le temps, en faveur, je l'espère, d'un temps à venir.

1.

Contemple le troupeau qui passe devant toi en broutant. Il ne sait pas ce qu'était hier ni ce qu'est aujourd'hui : il court de-ci de-là, mange, se repose et se remet à courir, et ainsi du matin au soir, jour pour jour, quel que soit son plaisir ou son déplaisir. Attaché au piquet du moment il n'en témoigne ni mélancolie ni ennui. L'homme s'attriste de voir pareille chose, parce qu'il se rengorge devant la bête et qu'il est pourtant jaloux du bonheur de celle-ci. Car c'est là ce qu'il veut : n'éprouver, comme la bête, ni dégoût ni souffrance, et pourtant il le veut autrement, parce qu'il ne peut pas vouloir comme la bête. Il arriva peut-être un jour à l'homme de demander à la bête : « Pourquoi ne me parles-tu pas de ton bonheur et pourquoi ne fais-tu que me regarder ? » Et la bête voulut répondre et dire : « Cela vient de ce que j'oublie chaque fois ce que j'ai l'intention de répondre. » Or, tandis qu'elle préparait cette réponse, elle l'avait déjà oubliée et elle se tut, en sorte que l'homme s'en étonna.

Mais il s'étonna aussi de lui-même, parce qu'il ne pouvait pas apprendre à oublier et qu'il restait sans cesse accroché au passé. Quoi qu'il fasse, qu'il s'en aille courir au loin, qu'il hâte le pas, toujours la chaîne court avec lui. C'est une merveille : le moment est là en un clin d'œil, en un clin d'œil il disparaît. Avant c'est le néant, après c'est le néant, mais le moment revient pour troubler le repos du moment à venir. Sans cesse une page se détache du rôle du temps, elle s'abat, va flotter au loin, pour revenir, poussée sur les genoux de l'homme. Alors l'homme dit : « Je me souviens. » Et il imite l'animal qui oublie aussitôt et qui voit chaque moment mourir véritablement, retourner à la nuit et s'éteindre à jamais. C'est ainsi que l'animal vit d'une façon *non historique :* car il se réduit dans le temps, semblable à un nombre, sans qu'il reste une fraction bizarre. Il ne sait pas simuler, il ne cache rien et apparaît toujours pareil à lui-même, sa sincérité est donc involontaire. L'homme, par contre, s'arc-boute contre le poids toujours plus lourd du passé. Ce poids l'accable ou l'incline sur le côté, il alourdit son pas, tel un invisible et obscur fardeau. Il peut le renier en apparence, ce qu'il aime à faire en présence de ses semblables, afin d'éveiller leur jalousie. C'est pourquoi il est ému, comme s'il se souvenait du paradis perdu, lorsqu'il voit le troupeau au pâturage, ou aussi, tout près de lui, dans un commerce familier, l'enfant qui n'a encore rien à renier du passé et qui, entre les enclos d'hier et ceux de demain, se livre à ses jeux dans un bienheureux aveuglement. Et pourtant l'enfant ne peut toujours jouer sans être assailli de troubles. Trop tôt on le fait sortir de l'oubli. Alors il apprend à comprendre le mot « il était », ce mot de ralliement avec lequel la lutte, la souffrance et le dégoût s'approchent de l'homme, pour lui faire souvenir de ce que son existence est au fond : un imparfait à jamais imperfectible. Quand enfin la mort apporte l'oubli tant désiré, elle dérobe aussi le présent et la vie. Elle appose en même temps son sceau sur cette conviction que l'existence n'est qu'une succession ininterrompue d'événements passés, une chose qui vit de se nier et de se détruire elle-même, de se contredire sans cesse.

Si c'est un bonheur, un besoin avide de nouveau bonheur qui, dans un sens quelconque, attache le vivant à la vie et le pousse à continuer à vivre, aucun philosophe n'a peut-être raison autant que le cynique : car le bonheur de la bête, qui est la forme la plus accomplie du cynisme, est la preuve vivante des droits du cynique. Le plus petit bonheur, pourvu qu'il reste ininterrompu et qu'il rende heureux, renferme, sans conteste, une dose supérieure de bonheur que le plus grand qui n'arrive que comme un épisode, en quelque sorte par fantaisie, telle une idée folle, au milieu des ennuis, des désirs et des privations. Mais le plus petit comme le plus grand bonheur sont toujours créés par une chose : le pouvoir d'oublier, ou, pour m'exprimer en savant, la faculté de sentir, abstraction faite de toute idée historique, pendant toute la durée du bonheur. Celui qui ne sait pas se reposer sur le seuil du moment, oubliant tout le passé, celui qui ne sait pas se dresser, comme le génie de la victoire, sans vertige et sans crainte, ne saura jamais ce que c'est que le bonheur, et, ce qui pis est, il ne fera jamais rien qui puisse rendre heureux les autres. Imaginez l'exemple le plus complet : un homme qui serait absolument dépourvu de la faculté d'oublier et qui serait condamné à voir, en toute chose, le devenir. Un tel homme ne croirait plus à son propre être, ne croirait plus en lui-même. Il verrait toutes choses se dérouler en une série de points mouvants, il se perdrait dans cette mer du devenir. En véritable élève d'Héraclite il finirait par ne plus oser lever un doigt. Toute action exige l'oubli, comme tout organisme a besoin, non seulement de lumière, mais encore d'obscurité. Un homme qui voudrait ne sentir que d'une façon purement historique ressemblerait à quelqu'un que l'on aurait forcé de se priver de sommeil, ou bien à un animal qui serait condamné à ruminer sans cesse les mêmes aliments. Il est donc possible de vivre sans presque se souvenir, de vivre même heureux, à l'exemple de l'animal, mais il est absolument impossible de vivre sans oublier. Si je devais m'exprimer, sur ce sujet, d'une façon plus simple encore, je dirais : *il y a un degré d'insomnie, de rumination, de sens historique qui nuit à l'être vivant et finit par l'anéantir, qu'il s'agisse d'un homme, d'un peuple ou d'une civilisation.*

Pour pouvoıı déterminer ce degré et, par celui-ci, les limites où le passé doit être oublié sous peine de devenir le fossoyeur du présent, il faudrait connaître exactement la *force plastique* d'un homme, d'un peuple, d'une civilisation, je veux dire cette force qui permet de se développer hors de soi-même, d'une façon qui vous est propre, de transformer et d'incorporer les choses du passé, de guérir et de cicatriser des blessures, de remplacer ce qui est perdu, de refaire par soi-même des formes brisées. Il y a des hommes qui possèdent cette force à un degré si minime qu'un seul événement, une seule douleur, parfois même une seule légère petite injustice les fait périr irrémédiablement, comme si tout leur sang s'écoulait par une petite blessure. Il y en a, d'autre part, que les accidents les plus sauvages et les plus épouvantables de la vie touchent si peu, sur lesquels les effets de leur propre méchanceté ont si peu de prise qu'au milieu de la crise la plus violente, ou aussitôt après cette crise, ils parviennent à un bien-être passable, à une façon de conscience tranquille. Plus la nature intérieure d'un homme possède de fortes racines, plus il s'appropriera de parcelles du passé. Et, si l'on voulait imaginer la nature la plus puissante et la plus formidable, on la reconnaîtrait à ceci qu'elle ignorerait les limites où le sens historique pourrait agir d'une façon nuisible ou parasitaire. Cette nature attirerait à elle tout ce qui appartient au passé, que ce soit au sien propre ou à l'histoire, elle l'absorberait pour le transmuer en quelque sorte en sang. Ce qu'une pareille nature ne maîtrise pas, elle sait l'oublier. Ce qu'elle oublie n'existe plus. L'horizon est fermé et forme un tout. Rien ne pourrait faire souvenir qu'au-delà de cet horizon il y a des hommes, des passions, des doctrines et des buts. Ceci est une loi universelle : tout ce qui est vivant ne peut devenir sain, fort et fécond que dans les limites d'un horizon déterminé. Si l'organisme est incapable de tracer autour de lui un horizon, s'il est d'autre part trop poussé vers des fins personnelles pour donner à ce qui est étranger un caractère individuel, il s'achemine, stérile ou hâtif, vers un rapide déclin. La sérénité, la bonne conscience, l'activité joyeuse, la confiance en l'avenir — tout cela dépend, chez l'individu comme chez le peuple, de l'existence d'une ligne de démarcation qui sépare ce qui est clair, ce que l'on peut embrasser du regard, de ce qui est obscur et hors de vue, dépend de la faculté d'oublier au bon moment aussi bien que, lorsque cela est nécessaire, de se souvenir au bon moment, dépend de l'instinct vigoureux que l'on met à sentir si et quand il est nécessaire de voir les choses au point de vue historique, si et quand il est nécessaire de voir les choses au point de vue non historique. Et voici précisément la proposition que le lecteur est invité à considérer : le point de vue historique aussi bien que le point de vue non historique sont nécessaires à la santé d'un individu, d'un peuple et d'une civilisation.

Chacun voudra commencer ici par faire une observation. Les connaissances et les sentiments historiques d'un homme peuvent être très limités, son horizon peut être étroit, comme celui d'un habitant d'une vallée des Alpes ; dans chaque jugement il pourra placer une injustice, pour chaque conception il pourra commettre l'erreur de croire qu'il est le premier à la formuler. Malgré toutes les injustices et toutes les erreurs, il gardera son insurmontable verdeur, et sa santé réjouira tous les yeux. Et, tout près de lui, celui qui est infiniment plus juste et plus savant s'étiolera et ira à sa ruine, parce que les lignes de son horizon sont instables et se déplacent toujours à nouveau, parce qu'il ne parvient pas à se dégager des fines mailles que son esprit d'équité et de véracité tendent autour de lui, pour s'adonner à une dure volonté, à des aspirations brutales. Nous avons vu qu'au contraire l'animal, entièrement dépourvu de conceptions historiques, limité par un horizon en quelque sorte composé de points, vit pourtant dans un bonheur relatif et pour le moins sans ennui, ignorant la nécessité de simuler. La faculté de pouvoir sentir, en une certaine mesure, d'une façon non historique devra donc être tenue par nous pour la faculté la plus importante, pour une faculté primordiale, en tant qu'elle renferme le fondement sur lequel peut seul s'édifier quelque chose de solide, de bien portant et de grand, quelque chose de véritablement humain. Ce qui est non historique ressemble à une atmosphère ambiante, où seule peut s'engendrer la vie, pour disparaître de nouveau avec l'anéantissement de cette atmosphère. A vrai dire, l'homme ne devient homme que lorsqu'il arrive en pensant, en repensant, en comparant, en séparant et en réunissant, à restreindre cet élément non historique. Dans la nuée qui l'enveloppe, naît alors un rayon de claire lumière et il possède la force d'utiliser ce qui est passé, en vue de la vie, pour transformer les événements en histoire. Mais, lorsque les souvenirs historiques deviennent trop écrasants, l'homme cesse de nouveau d'être, et, s'il n'avait pas possédé cette ambiance non historique il n'aurait jamais commencé d'être, il n'aurait jamais osé commencer. Où y a-t-il des actes que l'homme eût été capable d'accomplir sans s'être enveloppé d'abord de cette nuée non historique ?

Mais abandonnons les images et illustrons notre démonstration par un exemple. Qu'on s'imagine un homme secoué ou entraîné par une passion violente, soit pour une femme, soit pour une grande idée ! Comme le monde se transforme à ses yeux ! Quand il regarde derrière lui, il se sent aveugle, ce qui se passe à ses côtés lui est étranger, comme s'il entendait des sons vagues et sans signification ; ce qu'il aperçoit, jamais il ne l'aperçut ainsi, avec autant d'intensité, d'une façon aussi vraie, aussi rapprochée, aussi coloriée et aussi illuminée, comme s'il en était saisi par tous les sens à la fois. Toutes les évaluations sont pour lui changées et dépréciées. Il y a tant de choses qu'il ne goûte plus, parce qu'il les sent à peine. Il se demande s'il a longtemps été la dupe de mots étrangers, d'opinions étrangères ; il s'étonne que sa mémoire tourne infatigablement dans le même cercle et que pourtant elle soit trop faible et trop lasse pour faire seulement un seul bond en dehors de ce cercle. Cette condition est la plus injuste que l'on puisse imaginer, elle est étroite, ingrate envers le passé, aveugle en face du danger, sourde aux avertissements ; on dirait un petit tourbillon vivant dans une mer morte de nuit et d'oubli. Et pourtant d'un pareil état d'esprit, quelque non historique et anti-historique qu'il soit, est née non seulement l'action injuste, mais aussi toute action vraie ; nul artiste ne réalisera son œuvre, nul général sa victoire, nul peuple sa liberté, sans les avoir désirées et y avoir aspiré préalablement dans une semblable condition non historique. De même que celui qui agit, selon l'expression de Goethe, est toujours sans conscience, il est aussi toujours dépourvu de science. Il oublie la plupart des choses pour en faire une seule. Il est injuste envers ce qui est derrière lui et il ne connaît qu'un seul droit, le droit de ce qui est prêt à être. Ainsi, tous ceux qui agissent, aiment leur action infiniment plus qu'elle ne mérite d'être aimée. Et les meilleures actions se font dans un tel débordement d'amour qu'elles sont certainement indignes de cet amour, bien que leur valeur soit incalculable.

Si quelqu'un était capable de se placer dans l'atmosphère non historique, pour flairer et comprendre les nombreux cas de grands événements historiques qui y ont pris naissance, il serait peut-être à même, en tant qu'être connaissant, de s'élever à un point de vue *supra-historique,* tel que l'a décrit Niebuhr, comme résultat possible des considérations historiques.

« L'histoire, dit Niebuhr, comprise d'une façon claire et détaillée, sert du moins à une chose : à se convaincre que les esprits les plus élevés de notre espèce humaine ne savent pas combien fortuite est la conception qui est la leur, et qu'ils imposent avec violence aux autres — avec violence, parce que l'intensité de leur conscience est extrêmement vive. Celui qui n'a pas la certitude de ce fait et n'en a pas fait l'expérience dans des cas nombreux, celui-là se laisse terrasser par l'apparition d'un esprit puissant qui veut la passion la plus haute dans une forme déterminée. » Il faudrait dénommer supra-historique ce point de vue, parce que celui qui s'y placerait ne pourrait plus éprouver aucune tentation de continuer à vivre et à participer à l'histoire, par là même qu'il aurait reconnu l'existence de cette seule condition indispensable à toute action : l'aveuglement et l'injustice dans l'âme de celui qui agit. Il serait même guéri de la tendance de prendre dorénavant l'histoire démesurément au sérieux. Car, en face de chaque homme, en face de chaque événement, parmi les Grecs ou les Turcs, qu'il s'agisse d'une heure du Ier ou d'une heure du XIXe siècle, il aurait appris à résoudre la question de savoir pourquoi et comment on vit. Celui qui demanderait à ses amis, s'ils seraient tentés de revivre les dix ou vingt dernières années de leur vie, apprendrait facilement à connaître lequel d'entre eux est préparé à ce point de vue supra-historique. Il est vrai qu'ils répondront tous *non*, mais ce *non* ils le motiveront de façon différente. Les uns espéreront peut-être avec confiance que « les vingt prochaines années seront meilleures ». Ce sont ceux dont David Hume dit ironiquement :

And from the dregs of life hope to receive,
What the first sprightly running could not give

Nous voulons les appeler les hommes historiques. Un regard jeté dans le passé les pousse à préjuger de l'avenir, leur donne le courage de lutter encore avec la vie, fait naître en eux l'espoir que le bien finira par venir, que le bonheur gîte derrière la montagne dont ils s'approchent. Ces hommes historiques s'imaginent que le sens de la vie leur apparaîtra à mesure qu'ils apercevront le développement de celle-ci ; ils regardent en arrière pour comprendre le présent, par la contemplation du passé, pour apprendre à désirer l'avenir avec plus de violence. Ils ne savent pas combien ils pensent et agissent d'une façon non historique, malgré leur Histoire, et combien leurs études historiques, au lieu d'être au service de la connaissance pure, se trouvent être à celui de la vie.

Mais cette question, à quoi nous avons donné la première réponse, peut aussi bien être résolue d'une façon différente. Il est vrai que c'est encore une fois par une négation, mais par une négation qui repose sur des arguments différents. La négation de l'homme supra-historique ne voit pas le salut dans le développement, mais considère, au contraire, que le monde est terminé et atteint sa fin à chaque moment particulier. Que pourrait-on apprendre de dix nouvelles années, si ce n'est ce que les dix années écoulées ont déjà enseigné !

Savoir si le sens de cet enseignement c'est le bonheur ou la résignation, la vertu ou la pénitence, c'est sur quoi les hommes supra-historiques ne se sont jamais accordés entre eux. Mais à l'encontre de toute considération historique du passé, ils sont unanimes à déclarer que le passé et le présent sont identiques, c'est-à-dire qu'avec toute leur diversité ils se ressemblent d'une façon typique. Ils représentent des normes immuables et omniprésentes, un organisme immobile d'une valeur stable et d'une signification toujours pareille. De même que cent langues différentes correspondent aux mêmes besoins typiques et déterminés des hommes, de sorte que quelqu'un qui comprendrait ces besoins, de toutes les langues n'aurait rien à apprendre de nouveau, de même le penseur supra-historique projette une lumière intérieure sur toute l'histoire des peuples et des individus, devinant, en visionnaire, le sens primitif des différents hiéroglyphes, évitant même avec lassitude les signes dont le nombre s'accroît de jour en jour. Car, comment, dans l'abondance infinie des événements, n'en arriverait-il pas à la satiété, à la sursaturation et même au dégoût ? De sorte que le plus audacieux finirait peut-être par être prêt à dire à son cœur, avec Léopardi :

> *Rien ne vit qui soit digne*
> *De tes élans et la terre ne mérite pas un soupir.*
> *Douleur et ennui, voilà notre être et le monde est boue*
> *— point autre chose.*
> *Calme-toi.*

Mais laissons les hommes supra-historiques à leur dégoût et à leur sagesse. Aujourd'hui nous voulons, au contraire, nous réjouir de tout cœur de notre manque de sagesse, et prendre du bon temps en véritables hommes d'action et de progrès, en vénérateurs de l'évolution. Il se peut que notre appréciation du développement historique ne soit qu'un préjugé occidental ! Pourvu que, dans les limites de ce préjugé, nous progressions et nous ne nous arrêtions pas en route ! Pourvu que nous apprenions toujours mieux à faire de l'histoire *en vue de la vie !* Alors nous concéderons volontiers aux supra-historiques qu'ils possèdent plus de sagesse que nous ; à condition, bien entendu, que nous puissions avoir la certitude de posséder la vie à un degré supérieur, car alors notre manque de sagesse aurait plus d'avenir que leur sagesse à eux. Et pour qu'il n'y ait point de doute sur le sens de cette antinomie entre la vie et la sagesse, je veux appeler à mon secours un procédé qui depuis longtemps a fait ses preuves et établir directement quelques thèses.

Un phénomène historique étudié d'une façon absolue et complète et réduit en phénomène de la connaissance est mort pour celui qui l'a étudié, car, en même temps, il a reconnu la folie, l'injustice, l'aveugle passion, en général tout l'horizon obscur et terrestre de ce phénomène et par là même sa puissance historique. Dès lors, cette puissance, pour lui qui sait, est devenue sans puissance ; mais, pour lui qui vit, elle ne l'est peut-être pas encore.

L'histoire, considérée comme science pure devenue souveraine, serait, pour l'humanité, une sorte de conclusion et de bilan de la vie. La culture historique par contre, n'est bienfaisante et pleine de promesses pour l'avenir que lorsqu'elle côtoie un puissant et nouveau courant de la vie, une civilisation en train de se former, donc uniquement lorsqu'elle est dominée et conduite par une puissance supérieure et qu'elle ne domine et ne conduit pas elle-même.

L'histoire, pour autant qu'elle est placée au service de la vie, se trouve au service d'une puissance non historique, et, à cause de cela, dans cet état de subordination, elle ne pourra et ne devra jamais être une science pure, telle que l'est, par exemple, la mathématique. Mais la question de savoir jusqu'à quel point la vie a besoin, d'une façon générale, des services de l'histoire, c'est là un des problèmes les plus élevés, un des plus grands intérêts de la vie, car il s'agit de la santé d'un homme, d'un peuple, d'une civilisation. Quand l'histoire prend une prédominance trop grande, la vie s'émiette et dégénère et, en fin de compte, l'histoire elle-même pâtit de cette dégénérescence.

2.

La vie a besoin des services de l'histoire, il est aussi nécessaire de s'en convaincre que de cette autre proposition qu'il faudra démontrer plus tard, à savoir que l'excès d'études historiques est nuisible aux vivants. L'histoire appartient au vivant sous trois rapports : elle lui appartient parce qu'il est actif et qu'il aspire ; parce qu'il conserve et qu'il vénère ; parce qu'il souffre et qu'il a besoin de délivrance. A cette trinité de rapports correspondent trois espèces d'histoire, s'il est permis de distinguer, dans l'étude de l'histoire, un point de vue *monumental*, un point de vue *antiquaire* et un point de vue *critique*.

L'histoire appartient avant tout à l'actif et au puissant, à celui qui participe à une grande lutte et qui, ayant besoin de maîtres, d'exemples, de consolateurs, ne saurait les trouver parmi ses compagnons et dans le présent. C'est ainsi que l'histoire appartient à Schiller, car, disait Goethe, notre temps est si mauvais que le poète, dans la vie humaine qui l'entoure, ne rencontre plus de nature qu'il puisse utiliser. Faisant allusion aux hommes actifs, Polybe appelle, par exemple, l'histoire politique la véritable préparation au gouvernement d'un État et le meilleur enseignement qui, en nous faisant souvenir des malheurs des autres, nous exhorte à supporter avec fermeté les alternatives de la chance. Celui qui a appris à interpréter ainsi le sens de l'histoire doit s'attrister de voir des voyageurs indiscrets ou de minutieux micrologues sur les pyramides d'un passé auguste. Sur les lieux qui l'incitent à suivre un exemple ou à faire mieux, il ne souhaite pas de rencontrer le désœuvré qui, avide de distractions ou de sensations, se promène là comme parmi les trésors amassés d'une galerie de tableaux. L'homme actif, mêlé aux désœuvrés, faibles et sans espoir, parmi les compagnons occupés seulement en apparence, mais qui ne font que s'agiter et se débattre, pour qu'il ne se prenne pas à désespérer et à ressentir du dégoût, il a besoin de regarder derrière lui. Il interrompt sa course vers le but pour respirer. Mais son but, c'est un bonheur quelconque, ce n'est peut-être pas le sien ; souvent c'est celui d'un peuple ou de l'humanité tout entière. Il recule devant la résignation et l'histoire lui est un remède contre la résignation. Le plus souvent aucune récompense ne l'attend, si ce n'est la gloire, c'est-à-dire l'expectative d'une place d'honneur au temple de l'histoire, où il pourra être lui-même, pour ceux qui viendront plus tard, maître, consolateur et avertisseur. Car son commandement lui dit que ce qui fut jadis capable d'élargir la conception de l' « homme » et de réaliser cette conception avec plus de beauté, devra exister éternellement pour être éternellement capable de la même chose. Que les grands moments dans la lutte des individus forment une chaîne, que les sommets de l'humanité s'unissent dans les hauteurs à travers des milliers d'années, que pour moi ce qu'il y a de plus élevé dans un de ces moments passés depuis longtemps soit encore vivant, clair et grand — c'est là l'idée fondamentale cachée dans la foi en l'humanité, l'idée qui s'exprime par la revendication d'une *histoire monumentale*. Mais c'est précisément à cause de cette revendication : ce qui est grand doit être éternel, que s'allume la lutte la plus terrible. Car tout le reste, tout ce qui est encore vivant crie : *non !* Ce qui est *monumental* ne doit pas avoir le droit de se former — c'est là le mot d'ordre contraire. L'habitude apathique, tout ce qui est petit et bas et qui remplit tous les recoins du monde, répand sa lourde atmosphère autour de tout ce qui est grand, jette ses entraves et ses duperies sur le chemin que doit parcourir le sublime pour arriver à l'immortalité. Ce chemin cependant traverse des cerveaux humains, des cerveaux de bêtes inquiètes et éphémères, toujours agités par les mêmes maux et qui ont de la peine à lutter, pour peu de temps, contre la destruction ! Car, avant tout, ces êtres ne veulent qu'une chose : vivre à tout prix. Qui donc pourrait supposer chez eux cette difficile course du flambeau de l'*histoire monumentale*, par quoi seul survit le sublime ! Et pourtant, parmi les hommes, il en naît toujours quelques-uns qui, regardant la grandeur passée, fortifiés par cette contemplation, se sentent tellement enivrés que l'on pourrait croire que la vie humaine est une chose merveilleuse, que le plus beau fruit de cette plante amère ce serait de connaître qu'autrefois il y en eut un qui, fort et fier, traversa l'existence, un autre qui la traversa avec mélancolie, un troisième avec pitié et compassion — tous laissant cependant un seul enseignement, à savoir que celui-là seul vit de la plus merveilleuse façon qui n'estime point la vie. Alors que l'homme vulgaire prend au sérieux ce court espace de temps, alors qu'il le trouve tristement désirable, ceux-là au contraire, sur la route qui mène à l'immortalité et à l'*histoire monumentale*, parvinrent à s'élever au rire olympien, ou du moins à un sublime dédain ; souvent ils descendirent avec ironie dans une tombe — car qu'y avait-il chez eux à enterrer ? Cela seul qui les avait toujours oppressés, étant scorie, déchet, vanité, animalité, et qui maintenant tombe dans l'oubli après avoir abandonné depuis longtemps à leur propre mépris. Mais une chose vivra, le monogramme de leur essence la plus intime, une œuvre, une action, une clarté singulière, une création : vivra parce que nulle postérité ne pourrait s'en passer.

Sous cette forme transfigurée, la gloire est autre chose que l'exquise pâture de notre amour-propre, comme l'a appelée Schopenhauer ; elle est la foi en l'homogénéité et la continuité de ce qui est sublime dans tous les temps, elle est la protestation contre le changement des espèces et l'instabilité.

Par quoi donc la contemplation monumentale du passé, l'intérêt pour ce qui est classique et rare dans les temps écoulés, peut-il être utile à l'homme d'aujourd'hui ? L'homme conclut que le sublime qui *a été* autrefois a certainement été *possible* autrefois et sera par conséquent encore possible un jour. Il suit courageusement son chemin, car maintenant il a écarté le doute qui l'assaillait aux heures de faiblesse et lui faisait se demander s'il ne voulait pas l'impossible. Admettons que quelqu'un soit persuadé qu'une centaine d'hommes productifs, élevés et agissant dans un esprit nouveau, suffiraient à donner le coup de grâce à l'intellectualisme aujourd'hui à la mode en Allemagne, combien sa conviction serait fortifiée s'il s'apercevait que la civilisation de la Renaissance s'élevait sur les épaules d'une pareille légion composée seulement d'une centaine d'hommes.

Et pourtant — que le même exemple nous apprenne quelque chose de nouveau — combien cette comparaison serait flottante et inexacte. Combien de choses passées, si ce retour en arrière doit avoir son effet fortifiant, devront être négligées ! L'individualité d'autrefois devra être déformée et violemment généralisée, débarrassée de ses aspérités et de ses lignes précises, en faveur d'une concordance artificielle. Au fond, ce qui a été possible autrefois ne saurait se reproduire une seconde fois, à moins que les pythagoriciens n'aient raison de croire qu'une même constellation des corps célestes amènerait jusqu'aux plus petits détails les mêmes événements sur la terre, de sorte que, quand les étoiles occuperont la même position les unes par rapport aux autres, un stoïcien s'unira à un épicurien, César sera assassiné, et, de nouveau, dans d'autres conditions, on découvrira l'Amérique. Si la terre recommençait chaque fois son spectacle après la fin du cinquième acte, s'il était certain que le même enchaînement des motifs, le même *deus ex machina*, la même catastrophe se représentait à des intervalles déterminés, seulement, alors l'homme puissant pourrait se réclamer de l'*histoire monumentale*, dans toute sa véridicité iconienne, en exigeant chaque fait selon sa particularité exactement décrite. Ce ne sera probablement pas le cas avant que les astronomes ne soient redevenus des astrologues. Jusque-là l'*histoire monumentale* ne pourra user de cette pleine véridicité, toujours elle rapprochera ce qui est inégal, elle généralisera pour rendre équivalent, toujours elle affaiblira la différence des mobiles et des motifs, pour présenter les événements, aux dépens des effets et des causes, sous leur aspect monumental, c'est-à-dire comme des monuments dignes d'être imités. Comme elle fait toujours abstraction des causes, on pourrait donc considérer l'histoire monumentale, sans trop exagérer, comme une collection d' « effets en soi », c'est-à-dire d'événements qui, en tous temps, pourront faire de l'effet.

Ce que l'on célèbre dans les fêtes populaires, aux anniversaires religieux ou militaires, c'est en somme un de ces « effets en soi ». C'est ce qui empêche les ambitieux de dormir, qui, pour les heureux entreprenants, est comme une amulette qu'ils portent sur leur cœur, mais ce n'est pas la véritable connexion historique de cause à effet qui, si elle était connue dans son ensemble, démontrerait seulement que jamais plus quelque chose d'absolument identique ne peut sortir du coup de dé de l'avenir et du hasard.

Tant que l'âme des études historiques résidera dans les grandes impulsions qu'un homme puissant peut recevoir d'elles, tant que le passé devra être décrit comme s'il était digne d'être imité, comme s'il était imitable et possible une seconde fois, ce passé courra le risque d'être déformé, enjolivé, détourné de sa signification et, par là même, sa description ressemblera à de la poésie librement imaginée. Il y a même des époques qui ne sont pas capables de distinguer un passé monumental d'une fiction mythique, car les mêmes impulsions peuvent être empruntées à l'un comme à l'autre. Donc, quand la considération monumentale du passé domine les autres façons de considérer les choses, je veux dire les façons *antiquaire* et *critique*, le passé lui-même en pâtit. On oublie des périodes tout entières, on les méprise, on les laisse s'écouler comme un grand flot gris dont seuls émergent quelques faits semblables à des îlots parés. Les rares personnages qui deviennent visibles ont quelque chose d'artificiel et de merveilleux, quelque chose qui ressemble à cette hanche dorée que les disciples de Pythagore croyaient reconnaître chez leur maître. L'*histoire monumentale* trompe par les analogies. Par de séduisantes assimilations, elle pousse l'homme courageux à des entreprises téméraires, l'enthousiaste au fanatisme. Et si l'on imagine cette façon d'histoire entre les mains de génies égoïstes, de fanatiques malfaisants, des empires seront détruits, des princes assassinés, des guerres et des révolutions fomentées et le nombre de ces effets historiques « en soi », c'est-à-dire d'effets sans causes suffisantes, sera encore augmenté. Il suffit de ces indications pour faire souvenir des dommages que peut causer l'*histoire monumentale* parmi les hommes puissants et actifs, qu'ils soient bons ou mauvais. Combien plus néfastes sont encore ses effets quand les impuissants et les inactifs s'emparent d'elle et s'en servent.

Prenons l'exemple le plus simple et le plus fréquent. Qu'on imagine les natures anti-artistiques ou douées d'un faible tempérament artistique, armées et équipées d'idées empruntées à l'histoire monumentale de l'art. Contre qui ces natures dirigeront-elles leurs armes ? Contre leurs ennemis héréditaires : les tempéraments artistiques fortement doués, par conséquent contre ceux qui sont seuls capables d'apprendre quelque chose dans les événements historiques ainsi présentés, capables d'en tirer parti pour la vie et de transformer ce qu'ils ont appris en une pratique supérieure. C'est à ceux-là que l'on barre le chemin, à ceux-là que l'on obscurcit l'atmosphère, lorsque l'on se met à danser servilement et avec zèle autour d'un glorieux monument du passé, quel qu'il soit et sans l'avoir compris, comme si l'on voulait dire : « Voyez, ceci est l'art vrai et véritable. Que vous importent ceux qui sont encore prisonniers dans le devenir et dans le vouloir ! » Cette foule qui danse possède même, en apparence, le privilège du « bon goût », car toujours le créateur s'est trouvé en désavantage vis-à-vis de celui qui ne faisait que regarder sans mettre lui-même la main à la pâte, de même que, de tous temps, l'orateur de café paraissait plus sage, plus juste et plus réfléchi que l'homme d'État qui gouverne. Si l'on s'avise même de transporter sur le domaine de l'art l'usage du suffrage populaire et de la majorité du nombre, pour forcer en quelque sorte l'artiste à se défendre devant un forum d'esthétisants oisifs, on peut jurer d'avance qu'il sera condamné. Non point, comme on pourrait le croire, malgré le canon de l'art *monumental*, mais parce que ses juges ont proclamé solennellement ce canon (celui de l'art qui, d'après les explications données, a « fait de l'effet » de tous temps). Au contraire, pour l'art qui n'est pas encore *monumental*, c'est-à-dire pour celui qui est contemporain, il leur manque premièrement le besoin, en second lieu la vocation, en troisième lieu précisément l'autorité de l'histoire. Par contre, leur instinct leur apprend que l'on peut tuer l'art par l'art. A aucun prix, pour eux, le *monumental* ne doit se former à nouveau et ils se servent comme argument de ce qui tire du passé son autorité et son caractère *monumental*. De la sorte, ils apparaissent comme connaisseurs d'art, parce qu'ils voudraient supprimer l'art ; ils se donnent des allures de médecins, tandis qu'au fond ils se comportent en empoisonneurs. Ainsi, ils développent leur sens et leur goût, pour expliquer, par leurs habitudes d'enfants gâtés, pourquoi ils rejettent avec tant d'insistance tout ce qui leur est offert en fait de véritable nourriture d'art. Car ils ne veulent pas que quelque chose de grand puisse se former. Leur moyen, c'est d'affirmer : « Voyez, ce qui est grand existe déjà ! » A vrai dire, cette chose grande qui existe déjà les regarde tout aussi peu que celle qui est en train de se former. Leur vie en témoigne. L'*histoire monumentale* est le travestissement que prend leur haine des grands et des puissants de leur temps, le travestissement qu'ils essaient de faire passer pour de l'admiration saturée des grands et des puissants d'autrefois. Ce masque leur permet de changer le véritable sens de cette conception de l'histoire en un sens absolument opposé. Qu'ils s'en rendent bien compte ou non, ils agissent en tous les cas comme si leur devise était : « Laissez les morts enterrer les vivants. »

Chacune des trois façons d'étudier l'histoire n'a de raison d'être que sur un seul terrain, sous un seul climat. Partout ailleurs ce n'est qu'ivraie envahissante et destructrice. Quand l'homme qui veut créer quelque chose de grand a besoin de prendre conseil du passé, il s'empare de celui-ci au moyen de l'*histoire monumentale;* quand, au contraire, il veut s'attarder à ce qui est convenu, à ce que la routine a admiré de tous temps, il s'occupe du passé en *historien antiquaire.* Celui-là seul que torture une angoisse du présent et qui, à tout prix, veut se débarrasser de son fardeau, celui-là seul ressent le besoin d'une *histoire critique,* c'est-à-dire d'une histoire qui juge et qui condamne. Bien des calamités viennent de ce que l'on transplante à la légère les organismes. Le critique sans angoisse; l'antiquaire sans piété; celui qui connaît le sublime sans pouvoir réaliser le sublime : voilà de ces plantes devenues étrangères à leur sol natif et qui à cause de cela ont dégénéré et tourné en ivraie.

3.

L'histoire appartient donc en second lieu à celui qui conserve et vénère, à celui qui, avec fidélité et amour, tourne les regards vers l'endroit d'où il vient, où il s'est formé. Par cette piété, il s'acquitte en quelque sorte d'une dette de reconnaissance qu'il a contractée envers sa propre vie. En cultivant d'une main délicate ce qui a existé de tout temps, il veut conserver les conditions sous lesquelles il est né, pour ceux qui viendront après lui, et c'est ainsi qu'il sert la vie. Le patrimoine des ancêtres, dans une âme semblable, reçoit une nouvelle interprétation de la propriété, car c'est maintenant lui le propriétaire. Ce qui est petit, restreint, vieilli, prêt à tomber en poussière, tient son caractère de dignité, d'intangibilité du fait que l'âme conservatrice et vénératrice de l'homme antiquaire s'y transporte et y élit domicile. L'histoire de sa ville devient pour lui l'histoire de lui-même. Le mur d'enceinte, la porte avec sa vieille tour, les ordonnances municipales, les fêtes populaires, tout cela c'est pour lui une sorte de chronique illustrée de sa propre jeunesse et c'est dans tout cela qu'il se retrouve lui-même, qu'il retrouve sa force, son activité, sa joie, son jugement, sa folie et son inconduite. C'est là qu'il faisait bon vivre, se dit-il, car il fait bon vivre ; ici nous allons nous laisser vivre, car nous sommes tenaces et on ne nous brisera pas en une nuit. Avec ce « nous », il regarde par-delà la vie individuelle, périssable et singulière, et il se sent lui-même l'âme du foyer, de la race et de la cité. Il lui arrive aussi parfois de saluer, par-dessus les siècles obscurcis et confus, l'esprit de son peuple, comme s'il était son propre esprit. Sentir et pressentir à travers les choses ; suivre des traces presque effacées ; instinctivement lire bien le passé, quel que soit le degré où les caractères sont recouverts par d'autres caractères, comprendre les palimpsestes et même les polypsestes — voilà ses dons, voilà ses vertus. Goethe les possédait lorsqu'il se trouvait devant le monument d'Ervin de Steinbach[1]. L'impétuosité de son sentiment déchira le voile de la nuée historique qui le séparait du passé. Il contempla de nouveau pour la première fois l'œuvre allemande, « agissant par une forte et rude âme allemande ». Un sens semblable guida les Italiens de la Renaissance et éveilla derechef chez eux le génie antique de l'Italie, « résonnance merveilleuse de l'éternel jeu des accords », comme dit Jacob Burckhardt. Mais ce sens de la vénération historique et antiquaire atteint sa valeur suprême, lorsqu'il étend sur les conditions modestes, rudes et même précaires, où s'écoule la vie d'un homme ou d'un peuple, un sentiment touchant

1. La cathédrale de Strasbourg. (*N.d.T.*)

de joie et de satisfaction. Niebuhr, par exemple, avoue, avec une honnête candeur, qu'il peut vivre heureux et sans regretter l'art dans les marécages et les landes, au milieu de paysans libres qui ont une histoire. Comment l'histoire pourrait-elle mieux servir la vie qu'en attachant à leur patrie et aux coutumes de leur patrie les races et les peuples moins favorisés, en leur donnant des goûts sédentaires, ce qui les empêche de chercher mieux à l'étranger, de rivaliser dans la lutte pour parvenir à ce mieux ? Parfois cela paraît être de l'entêtement et de la déraison qui visse en quelque sorte l'individu à tels compagnons et à tel entourage, à telles habitudes laborieuses, à tel stérile coteau. Mais c'est la déraison la plus salutaire, celle qui profite le plus à la collectivité. Chacun le sait, qui s'est rendu compte des terribles effets de l'esprit d'aventure, de la fièvre d'émigration, quand ils s'emparent de peuplades entières, chacun le sait, qui a vu de près un peuple ayant perdu la fidélité à son passé, abandonné à une chasse fiévreuse de la nouveauté, à une recherche perpétuelle des éléments étrangers. Le sentiment contraire, le plaisir que l'arbre prend à ses racines, le bonheur que l'on éprouve à ne pas se sentir né de l'arbitraire et du hasard, mais sorti d'un passé — héritier, floraison, fruit —, ce qui excuserait et justifierait même l'existence : c'est là ce que l'on appelle aujourd'hui, avec une certaine prédilection, le sens historique.

Il est vrai que cette condition n'est pas celle où l'homme serait le mieux doué pour réduire le passé en science pure, de sorte que nous percevons aussi ici ce que nous avons déjà remarqué en étudiant l'*histoire monumentale*, à savoir que le passé lui-même pâtit, tant que les études historiques sont au service de la vie et dominées par des instincts vitaux. Pour nous servir d'une image un peu audacieuse, nous dirions que l'arbre *sent* ses racines plutôt qu'il ne les voit, mais que ce sentiment doit évaluer la dimension des racines, d'après la dimension et la force des branches qui sont visibles. Et si, dans cette évaluation, l'arbre peut se tromper, combien plus il se trompera, s'il veut juger de la forêt tout entière qui l'entoure, de cette forêt qu'il ne connaît et sent que pour autant qu'elle l'entrave ou le fait avancer — et non point autrement. Le sens *antiquaire* d'un homme, d'une cité, d'un peuple tout entier est toujours limité à un horizon très restreint. Il ne saurait percevoir les généralités et le peu qu'il voit lui apparaît de trop près et d'une façon isolée. Il est incapable de s'en tenir aux mesures et à cause de cela il accorde à tout une égale importance et à chaque détail une importance trop grande. Alors, pour les choses du passé, les différences de valeur et les proportions n'existent plus, qui sauraient rendre justice aux choses, les unes par rapport aux autres ; les mesures et les évaluations des choses ne se font plus que par rapport à l'individu ou au peuple qui veut regarder en arrière, au point de vue *antiquaire*.

Il y a toujours un danger qui est tout près. Tout ce qui est ancien, tout ce qui appartient au passé et que l'horizon peut embrasser, finit par être considéré comme également vénérable ; par contre, tout ce qui ne reconnaît pas le caractère vénérable de toutes ces choses d'autrefois, donc tout ce qui est nouveau, tout ce qui est dans son devenir, est rejeté et combattu. Ainsi les Grecs eux-mêmes tolérèrent le style hiératique de leurs arts plastiques à côté du style libre et grand, et, plus tard, ils n'acceptèrent pas seulement le nez pointu et le sourire glacial, ils en firent même une friandise. Quand le sens d'un peuple s'endurcit tellement, quand l'histoire sert la vie passée au point qu'elle mine la vie présente et surtout la vie supérieure, quand le sens historique ne conserve plus la vie, mais qu'il la momifie, c'est alors que l'arbre se meurt, et il se meurt d'une façon qui n'est pas naturelle, en commençant par les branches pour descendre jusqu'à la racine, en sorte que la racine finit elle-même par périr. Il en est de même de l'*histoire antiquaire* qui dégénère elle aussi, du moment que l'air vivifiant du présent ne l'anime et ne l'inspire plus. Dès lors la piété dessèche, l'habitude pédante acquise se prolonge et tourne, pleine d'égoïsme et de suffisance, dans le même cercle. On assiste alors au spectacle répugnant d'une aveugle soif de collection, d'une accumulation infatigable de tous les vestiges d'autrefois. L'homme s'enveloppe d'une atmosphère de vétusté ; il parvient même à avilir des dons supérieurs, de nobles aspirations, par la manie de l'antiquaille, jusqu'à une insatiable curiosité aussi vaine que mesquine. Parfois, il tombe si bas qu'il finit par être satisfait de n'importe quelle cuisine et qu'il se nourrit même avec joie de la poussière des bagatelles bibliographiques.

Mais lors même que cette dégénérescence ne se produirait pas, lors même que l'*histoire antiquaire* ne perdrait pas le terrain où seul elle peut fructifier, les dangers n'en resteraient pas moins assez nombreux, car on est toujours exposé à voir prédominer l'histoire antiquaire et étouffer les autres façons de considérer le passé. Cependant l'histoire antiquaire ne s'entend qu'à *conserver* la vie et non point à en engendrer de nouvelle. C'est pourquoi elle fait toujours trop peu de cas de ce qui est dans son devenir, parce que l'instinct divinatoire lui fait défaut, cet instinct divinatoire que possède par exemple l'*histoire monumentale*. Ainsi l'histoire antiquaire empêche la robuste décision en faveur de ce qui est nouveau, ainsi elle paralyse l'homme d'action qui, étant homme d'action, blessera toujours et blessera forcément une piété quelconque. Le fait que quelque chose est devenu vieux engendre maintenant le désir de le savoir immortel ; car si l'on veut considérer ce qui, durant une vie humaine, a pris un caractère d'antiquité : une vieille coutume des pères, une croyance religieuse, un privilège politique héréditaire — si l'on considère quelle somme de piété de la part de l'individu et des générations a su s'imposer, il peut paraître téméraire et même scélérat de vouloir remplacer une telle antiquité par une nouveauté et d'opposer à l'accumulation des choses vénérables les unités du devenir et de l'actualité.

Ici, apparaît distinctement combien il est nécessaire à l'homme d'ajouter aux deux manières de considérer le passé, la *monumentale* et l'*antiquaire*, une troisième manière, la *critique* et de mettre celle-là, elle aussi, au service de la vie. Pour pouvoir vivre l'homme doit posséder la force de briser un passé et de l'anéantir et il faut qu'il emploie cette force de temps en temps. Il y parvient en traînant le passé devant la justice, en instruisant sévèrement contre lui et en le condamnant enfin. Or tout passé est digne d'être condamné ; car il en est ainsi des choses humaines : toujours la force et la faiblesse humaines y ont été puissantes. Ce n'est pas la justice qui juge ici ; c'est encore moins la grâce qui prononce le jugement. C'est la vie, la vie seule, cette puissance obscure qui pousse et qui est insatiable à se désirer elle-même. Son arrêt est toujours rigoureux, toujours injuste, parce qu'il n'a jamais son origine dans la source pure de la connaissance ; mais, dans la plupart des cas, la sentence serait la même si la justice en personne la prononçait. « Car tout ce qui naît est digne de disparaître. C'est pourquoi il vaudrait mieux que rien ne naquît. » Il faut beaucoup de force pour pouvoir vivre et oublier à la fois combien vivre et être injuste sont tout un. Luther lui-même a affirmé une fois que le monde n'était né que d'un oubli de Dieu. Car si Dieu avait pensé aux « arguments de gros calibre » il n'aurait pas créé le monde. Il arrive pourtant parfois que cette même vie qui a besoin de l'oubli exige la destruction momentanée de cet oubli. Il s'agit alors de se rendre compte combien injuste est l'existence d'une chose, par exemple d'un privilège, d'une caste, d'une dynastie, de se rendre compte à quel point cette chose mérite de disparaître. Et l'on considère le passé de cette chose sous l'angle critique, on attaque ses racines au couteau, on passe impitoyablement sur toutes les vénérations. C'est là toujours un processus dangereux, je veux dire dangereux pour la vie. Les hommes et les époques qui servent la vie, en jugeant et en détruisant le passé, sont toujours à la fois dangereux et en danger. Car, dès lors que nous sommes les aboutissants de générations antérieures, nous sommes aussi les résultats des erreurs de ces générations, de leurs passions, de leurs égarements et même de leurs crimes. Il n'est pas possible de se dégager complètement de cette chaîne. Si nous condamnons ces égarements, estimant que nous en sommes débarrassés, le fait que nous en tirons nos origines n'est pas supprimé. Au meilleur cas, nous parvenons à un conflit entre notre nature transmise et laissée en héritage et notre connaissance ; peut-être aussi à la lutte d'une nouvelle discipline sévère contre ce qui est acquis par l'hérédité et l'éducation dès l'âge le plus tendre ; nous implantons en nous une nouvelle habitude, un nouvel instinct, une seconde nature, en sorte que la première nature dessèche et tombe. C'est un effort pour s'attribuer, en quelque sorte *a poste-*

riori, un passé d'où l'on aimerait bien tirer son origine, en opposition avec celui d'où l'on descend véritablement. Or cette tentative est toujours dangereuse, parce qu'il est difficile de fixer une limite à la négation du passé et parce que la seconde nature est la plupart du temps plus faible que la première. On s'en tient le plus souvent à reconnaître le bien sans le faire, parce que l'on connaît aussi ce qui est meilleur, sans être capable de le faire. Mais, de-ci de-là, on l'emporte malgré tout et il y a même pour ceux qui luttent, pour ceux qui se servent de l'histoire critique en vue de la vie, une consolation singulière : savoir que cette première nature fut, elle aussi, jadis, une seconde nature et que toute seconde nature victorieuse devient une première nature. —

4.

Voilà les services que les études historiques peuvent rendre à la vie. Chaque homme, chaque peuple, selon ses fins, ses forces et ses nécessités, a besoin d'une certaine connaissance du passé, tantôt sous forme d'*histoire monumentale*, tantôt sous forme d'*histoire antiquaire*, tantôt sous forme d'*histoire critique*, mais non point comme en aurait besoin une troupe de purs penseurs qui ne fait que regarder la vie, non comme des individus avides de savoir et que seul le savoir peut satisfaire, pour qui l'augmentation de la connaissance est le but même de tous les efforts, mais toujours en vue de la vie, par conséquent aussi sous la domination, sous la conduite suprême de cette vie même. C'est là le rapport naturel d'une époque, d'une civilisation, d'un peuple avec l'histoire, — rapport provoqué par la faim, régularisé par la mesure des besoins, contenu par la force plastique inhérente. La connaissance du passé, dans tous les temps, n'est souhaitable que lorsqu'elle est au service du passé et du présent, et non point quand elle affaiblit le présent, quand elle déracine les germes vivaces de l'avenir. Tout cela est simple, simple comme la vérité, et celui-là même en est persuadé qui n'a pas besoin qu'on lui en fasse la démonstration historique.

Qu'on nous permette de jeter un coup d'œil rapide sur notre temps ! Nous sommes effrayés, nous reculons. Qu'est devenue toute la clarté, tout le naturel, toute la pureté dans ce rapport entre la vie et l'histoire ? Le problème s'agite maintenant à nos yeux dans tout son désordre, son exagération, son trouble. La faute en est-elle à nous, les contemplateurs ? Ou bien la constellation de la vie et de l'histoire s'est-elle véritablement transformée, par le fait qu'un astre puissant et ennemi s'est introduit dans cette constellation ? Que d'autres montrent que nous avons mal vu, nous voulons dire ce que nous croyons voir. En effet, un astre nouveau s'est introduit. La constellation s'est véritablement transformée, et cela *par la science, par la prétention de faire de l'histoire une science.* Dès lors ce n'est plus seulement la vie qui domine et qui dompte la connaissance et le passé. Toutes les bornes sont arrachées et tout ce qui a existé autrefois se précipite sur l'homme. Les perspectives se déplacent jusque dans la nuit des temps, jusqu'à l'infini, aussi loin qu'il y eut un devenir. Nulle génération ne vit encore un pareil spectacle, spectacle impossible à dominer du regard, comme celui que montre aujourd'hui la science du devenir universel : l'histoire. Il est vrai qu'elle le montre avec la dangereuse audace de sa devise : *fiat veritas, pereat vita.*

Imaginons maintenant le phénomène intellectuel

qui naît de la sorte dans l'âme de l'homme moderne. La connaissance historique jaillit, toujours à nouveau, de sources inépuisables; les choses étrangères et disparates se pressent les unes à côté des autres; la mémoire ouvre toutes ses portes et n'est pourtant pas assez ouverte; la nature fait un effort extrême pour recevoir ces hôtes étrangers, pour les coordonner et les honorer; mais eux-mêmes sont en lutte les uns avec les autres, et il paraît nécessaire de les dompter et de les dominer tous, pour ne pas périr dans la lutte à laquelle ils se livrent. L'habitude d'un train de maison aussi désordonné, agité à ce point et sans cesse en lutte, devient peu à peu une seconde nature, bien qu'il soit indiscutable que cette seconde nature est beaucoup plus faible, beaucoup plus inquiète et malsaine de part en part que la première. L'homme moderne, en fin de compte, traîne avec lui une énorme masse de cailloux, les cailloux de l'indigeste savoir qui, à l'occasion, font entendre dans son ventre un bruit sourd, comme il est dit dans la fable. Ce bruit laisse deviner la qualité la plus originale de l'homme moderne : c'est une singulière antinomie entre un être intime à quoi ne correspond pas un être extérieur, et *vice versa*. Cette antinomie, les peuples anciens ne la connaissaient pas.

Le savoir, absorbé immodérément et sans qu'on y soit poussé par la faim, absorbé même à l'encontre du besoin, n'agit plus dès lors comme motif transformateur, poussant à l'extérieur, mais demeure caché dans une sorte de monde intérieur, chaotique, qu'avec une singulière fierté, l'homme moderne appelle l' « intimité » qui lui est particulière. Il vous arrive alors parfois de dire que l'on possède bien le sujet, mais que c'est seulement la forme qui fait défaut. Mais, pour tout ce qui est vivant, c'est là une opposition incongrue. Notre culture moderne n'est pas une chose vivante parce que, sans cette opposition, elle est inconcevable. Ce qui équivaut à dire qu'elle n'est point du tout une véritable culture, mais seulement une sorte de connaissance de la culture ; elle s'en tient à l'idée de la culture, au sentiment de la culture, sans qu'il y ait la conviction de la culture. Par contre, ce qui apparaît véritablement comme motif, ce qui, sous forme d'action, se manifeste visiblement au-dehors, ne signifie souvent pas beaucoup plus qu'une convention quelconque, une piteuse imitation, une vulgaire grimace. L'être intime éprouve peut-être alors cette sensation du serpent qui a dévoré des lapins entiers et qui, s'étalant au soleil avec tranquillité, évite tous les mouvements qui ne sont pas d'une nécessité absolue. Le processus intérieur devient dès lors la chose elle-même, la « culture » proprement dite. Tous ceux qui passent à côté ne souhaitent qu'une seule chose, c'est qu'une pareille culture ne périsse pas d'une indigestion. Qu'on imagine par exemple un Grec apercevant cette façon de culture, il se rendrait compte que pour les hommes modernes « cultivé » et « culture historique » semblent ne faire qu'un et qu'il n'y aurait entre eux que la différence créée par le nombre de mots. S'il s'avisait alors d'exprimer sa pensée, à savoir que quelqu'un peut être cultivé et manquer totalement de culture historique, on croirait avoir mal entendu et l'on secouerait la tête.

Ce petit peuple connu qui appartenait à un passé point trop éloigné de nous — je veux parler des Grecs — a su se conserver âprement, dans sa période de la plus grande force, un sens non historique. Si, par l'effet d'une baguette magique, un homme actuel revenait à cette époque, il est probable qu'il trouverait les Grecs très « incultes » ; par quoi, il est vrai, se révélerait, à la risée générale, le secret si bien gardé de la culture moderne. Car, par nous-mêmes, nous autres modernes, nous ne possédons rien du tout. Ce n'est qu'en nous remplissant à l'excès des époques étrangères, de mœurs, d'arts, de philosophies, de religions, de connaissances qui ne sont pas les nôtres, que nous devenons quelque chose qui mérite l'attention, c'est-à-dire des encyclopédies ambulantes, car c'est ainsi que nous apostropherait peut-être un vieil Hellène échoué dans notre temps. Or, toute valeur d'une encyclopédie réside dans ce qui y est contenu, et non point dans ce qui est écrit sur la couverture, dans ce qui en est l'enveloppe, la reliure. Ainsi toute la culture moderne est essentiellement intérieure. Extérieurement le relieur a imprimé quelque chose dans ce genre : « Manuel de culture intérieure pour des barbares extérieurs. » Cette antinomie entre l'intérieur et l'extérieur rend l'extérieur encore plus barbare qu'il ne le serait s'il s'agissait d'un peuple grossier qui, selon sa nature intime, tendrait à satisfaire ses rudes besoins. Car de quels moyens dispose encore la nature humaine pour se rendre maîtresse de ce qui s'impose à elle en abondance ? De ce seul moyen qui consiste à l'accepter aussi facilement que possible pour, ensuite, le mettre de côté et l'expulser de nouveau aussi vite que possible. De là naît l'habitude de ne plus prendre au sérieux les choses véritables, de là naît la « faible personnalité », en raison de quoi ce qui est réel, ce qui existe ne fait plus qu'une mince impression. Pour les choses de l'extérieur on devient, en fin de compte, toujours plus indulgent, toujours plus paresseux et l'on augmente, jusqu'à l'insensibilité à l'égard de la barbarie, le dangereux abîme qui sépare le contenu de la forme, pourvu que la mémoire soit excitée toujours à nouveau, pourvu qu'affluent sans cesse les choses nouvelles, dignes d'être sues, les choses que l'on peut ranger avec soin dans les casiers de cette mémoire.

La civilisation d'un peuple, en opposition avec cette barbarie, a une fois été définie, avec raison me semble-t-il, comme l'unité du style artistique dans toutes les manifestations vitales d'un peuple. Cette définition ne doit pas être mal interprétée, comme s'il s'agissait de l'opposition entre la barbarie et le *beau style*. Le peuple auquel on attribue une civilisation doit être, en toute réalité, quelque chose de vivant et de coordonné. Il ne doit point diviser misérablement sa culture en intérieure et extérieure, contenu et forme. Que celui qui veut atteindre et encourager la civilisation d'un peuple, atteigne et encourage cette unité supérieure et travaille à la destruction de cette culture chaotique moderne, en faveur d'une véritable culture. Qu'il ose réfléchir à la façon de rétablir la santé d'un peuple entamée par les études historiques, à la façon de retrouver son instinct, et par là son honnêteté.

Je veux parler sans façon de nous autres Allemands d'aujourd'hui, qui souffrons plus que tout autre peuple de cette faiblesse de la personnalité, de cette contradiction entre le contenu et la forme. La forme nous apparaît commmunément comme une convention, comme un travestissement et une dissimulation, et c'est pourquoi, si on ne la hait point, elle n'est en tous les cas pas aimée. Il serait plus exact encore de dire que nous avons une crainte extraordinaire du mot convention et aussi de cette chose qui s'appelle la convention. C'est cette crainte qui a poussé l'Allemand à quitter l'école des Français, car il voulait devenir plus naturel et, par là, plus allemand. Or, avec ce « par là », il semble bien avoir fait un mauvais calcul. Échappé de l'école de la convention il se laissa dès lors aller où bon lui semblait, selon que l'envie le poussait, et, au fond, il n'en continuait pas moins d'imiter, avec négligence et au hasard, dans un demi-oubli, ce que jadis il avait imité scrupuleusement et souvent avec bonheur.

C'est ainsi que, par rapport aux temps d'autrefois, on vit aujourd'hui encore selon une convention française, mais cette convention est devenue négligente et incorrecte, ainsi que le démontrent nos moindres gestes : que nous marchions, que nous nous arrêtions ou que nous causions ; ainsi que le démontre notre façon de nous vêtir et de nous loger. En s'imaginant prendre un essor vers le naturel, on se contenta d'avoir recours au laisser-aller, à la paresse, au plus petit effort de domination de soi. Parcourez une ville allemande ! Toute convention, si on la compare à l'originalité nationale des villes étrangères, s'affirme par son côté négatif. Tout est incolore, usé, mal copié, négligé ; chacun agit à sa guise, non point conformément à une volonté forte et féconde par les idées qui s'expriment, mais selon les lois que prescrivaient d'une part la hâte générale et d'autre part la nonchalance universelle. Un vêtement dont l'invention n'est pas un casse-tête, qui peut être endossé sans perte de temps, c'est-à-dire un vêtement emprunté à l'étranger et imité avec autant de négligence que possible, voilà ce que les Allemands s'empressent d'appeler une contribution au costume germanique. Ils repoussent, véritablement avec ironie, le sens de la forme, — car ils possèdent *le sens du continu*. Ne sont-ils pas le peuple fameux par son intimité ?

Or, cette intimité court encore un danger fameux. Le « contenu » dont il est entendu qu'il ne peut pas être vu du dehors pourrait, à l'occasion, se volatiliser. Au dehors on ne s'en apercevrait pas, ni même que ce contenu n'a jamais existé. Quoi qu'il en soit, ce danger, imaginons que le peuple allemand est loin de le courir. L'étranger aura néanmoins raison jusqu'à un certain point quand il nous reprochera que notre être intime est trop faible et trop désordonné pour agir au-dehors et se donner une forme. Il se peut avec cela que cet être intime possède un rare degré de sensibilité, qu'il se montre sérieux, puissant, intense, bon et peut-être plus riche que l'être intime des autres peuples. Dans son ensemble il demeure néanmoins faible, parce que toutes ces fibres admirables ne se joignent pas en un nœud puissant. De la sorte l'action visible ne répond pas à une action d'ensemble qui serait la révélation spontanée de cet être intime, elle n'est, au contraire, que l'essai timide ou grossier d'une fibre quelconque qui veut se donner l'apparence de la généralité. C'est pourquoi il n'est pas possible de juger l'Allemand d'après une action isolée et, même après avoir été vu à l'œuvre, en tant qu'individu, il reste encore mystérieux. On n'ignore pas que c'est par ses sentiments et ses idées que l'Allemand donne sa mesure. Ses sentiments et ses idées il les exprime dans ses livres. Hélas ! dans ces derniers temps, les livres des Allemands permettent plus que jamais d'émettre des doutes au sujet de ce fameux « être intime » et l'on se demande si celui-ci niche toujours dans son petit temple inaccessible. Ce serait épouvantable de songer qu'il pourrait disparaître un jour et qu'il ne resterait que l'extérieur, cet extérieur arrogant, lourd et humblement paresseux, qui serait alors le signe distinctif de l'Allemand. Épouvantable, presque autant que si cet être intime, sans qu'on s'en aperçoive, était faussé, maquillé, truqué, transformé en comédien, ou pis encore. Grillparzer, qui se tient à l'écart, livré à ses observations discrètes, semble, par exemple, croire qu'il en est ainsi d'après ses expériences pratiques, sur le domaine dramatique et théâtral. « Nous sentons avec des abstractions, dit-il, nous sommes à peine encore capables de savoir comment les sentiments s'expriment chez nos contemporains; nous leur faisons faire des soubresauts qu'ils n'ont plus coutume de faire aujourd'hui. Shakespeare nous a tous corrompus, nous autres modernes. »

C'est là un cas particulier généralisé avec trop de promptitude. Mais combien terrible serait cette généralisation, justifiée si les cas particuliers s'imposaient trop souvent à l'observateur! Quelle désespérance dans cette phrase : nous autres Allemands nous sentons par abstractions; nous sommes tous corrompus par les études historiques. Une affirmation qui détruirait dans ses racines tout espoir en la venue prochaine d'une culture nationale. Car tout espoir de cet ordre naît de la foi en la sincérité et le caractère immédiat du sentiment allemand, de la foi en une nature intime encore intacte. Que peut-on encore espérer, que peut-on encore croire, quand la source de la foi et de l'espoir est troublée, quand l'être intime a appris à faire des soubresauts, à esquisser des pas de danse, à se farder, à s'exprimer par des abstractions et des calculs, pour finir par se perdre soi-même peu à peu? Et comment un grand esprit productif pourrait-il encore vivre au milieu d'un peuple qui n'est plus sûr de l'unité de son être intime et qui se divise en hommes cultivés avec un être intime déformé et corrompu et en hommes incultes avec un être intime inaccessible? Comment saurait-il tenir bon, quand l'unité du sentiment populaire est perdue, quand, de plus, il sait que chez l'une des parties, celle qui s'appelle la partie instruite du peuple et qui possède un droit à accaparer les génies nationaux, le sentiment est faussé et artificiellement colorié? Que le jugement et le goût soient devenus çà et là plus fins et plus subtils, ce n'est pas pour l'individu une compensation. Il souffre d'être forcé de parler, en quelque sorte, à une secte, et de ne plus être indispensable au milieu de son peuple. Peut-être lui arrivera-t-il maintenant de préférer enfouir son trésor, parce qu'il est dégoûté de se voir prétentieusement patronné par une secte, tandis que son cœur est rempli de pitié pour tous. L'instinct du peuple ne vient plus au-devant de lui ; il est inutile de lui tendre les bras avec impatience.

Que reste-il alors au grand homme, si ce n'est de tourner sa haine enthousiaste contre ces entraves, contre les obstacles qui se dressent au milieu d'une prétendue éducation du peuple, pour condamner du moins, en tant que juge, ce qui, pour lui, le vivant, l'animateur, n'est que destruction et avilissement ? C'est ainsi qu'il abandonne la joie divine du créateur, de celui qui aide, pour rester accablé sous la profonde compréhension de sa destinée. Et il finit le cours de sa vie en initié solitaire, en sage rassasié. C'est là le spectacle le plus douloureux qu'on puisse voir. Celui qui possède le don de l'observer reconnaîtra le devoir sacré qui s'impose. Il se dira qu'il faut trouver un moyen de rétablir cette unité supérieure dans la nature et l'âme d'un peuple. Cette scission entre l'être intime et l'extérieur, il faut qu'elle disparaisse sous les coups de marteau de la détresse. A quels moyens devra-t-il recourir ? Sa profonde compréhension, voilà tout ce qui lui reste. Il faut donc qu'il exprime ce qu'il a compris, qu'il le développe, qu'il le répande à pleines mains, et ainsi il créera un besoin. Ce besoin violent produira un jour l'action vigoureuse. Et pour ne laisser aucun doute sur la façon dont j'entends cette détresse, cette nécessité, cette compréhension, je veux affirmer ici expressément que c'est l'*unité allemande* dans ce sens supérieur que nous aspirons à atteindre, avec plus d'ardeur que l'unité politique, *l'unité de l'esprit allemand et de la vie allemande, après l'anéantissement des contrastes entre la forme et le contenu, l'être intime et la convention.* —

5.

Cette sursaturation d'une époque par l'histoire sera hostile à la vie et lui sera dangereuse, de cinq manières. L'excès des études historiques engendre le contraste analysé plus haut entre l'être intime et le monde extérieur, et affaiblit ainsi la personnalité. L'excès des études historiques fait naître dans une époque l'illusion qu'elle possède cette vertu la plus rare, la justice, plus que toute autre époque. L'excès des études historiques trouble les instincts du peuple et empêche l'individu aussi bien que la totalité d'atteindre la maturité. L'excès des études historiques implante la croyance toujours nuisible à la caducité de l'espèce humaine, l'idée que nous sommes des êtres tardifs, des épigones. L'excès des études historiques développe dans une époque un état d'esprit dangereux, le scepticisme, et cet état d'esprit plus dangereux encore, le cynisme ; et ainsi l'époque s'achemine toujours plus vers une pratique sage et égoïste qui finit par paralyser la force vitale et la détruire.

Revenons cependant à notre première affirmation : l'homme moderne souffre d'un affaiblissement de sa personnalité. De même que le Romain de l'époque impériale devint anti-romain, en regard de l'univers qui était à son service, de même qu'il se perdit dans le flot envahissant des choses étrangères, dégénérant au milieu d'un carnaval cosmopolite de divinités, de mœurs et d'arts, de même il en adviendra de l'homme moderne qui, par ses maîtres dans l'art de l'histoire, se fait offrir sans cesse le spectacle d'une Exposition universelle. Il est devenu le spectateur jouissant et errant, transporté dans des conditions que de grandes guerres ou de grandes révolutions sauraient à peine changer durant un instant. Une guerre n'est pas terminée que déjà elle est transformée en papier imprimé, multipliée à cent mille exemplaires, et présentée comme nouveau stimulant au gosier fatigué de l'homme avide d'histoire. Il paraît presque impossible qu'une note pleine et forte puisse être produite, lors même que l'on ferait jouer toutes les cordes, car aussitôt les sons s'altèrent, pour prendre une fluidité historique, un accent tendre et sans force. Si je voulais m'exprimer au point de vue moral, je dirais que vous ne réussissez plus à fixer le sublime, vos actions sont des coups brusques, elles n'ont pas le roulement du tonnerre. Accomplissez ce qu'il y a de plus grand et de plus sublime, vos actions disparaîtront sans laisser de trace. Car l'art s'enfuit quand les actes s'abritent sans trêve sous la tente des études historiques. Celui qui veut comprendre, calculer, interpréter au moment où son émotion devrait saisir l'incompréhensible comme quelque chose de sublime, celui-là sera peut-être appelé raisonnable, mais seulement au sens où Schiller parle de la raison des gens raisonnables. Il ne voit pas certaines choses que l'enfant est capable de voir, il n'entend pas certaines choses que l'enfant est capable d'entendre. Et ces choses sont précisément les plus importantes. Parce qu'il ne les comprend pas, son entendement est plus enfantin que celui de l'enfant et plus niais que la niaiserie même — malgré tous les plis de la ruse que prend son visage parcheminé et l'habileté de virtuose que ses doigts possèdent à démêler ce qu'il y a de plus enchevêtré. Cela vient de ce qu'il a détruit et perdu son instinct. Dès lors il ne peut plus se confier à cet « animal divin » et lâcher la bride quand son intelligence chavire et que la route traverse le désert. C'est ainsi que l'individu devient incertain et hésitant et ne peut plus avoir foi en son jugement. Il s'affaisse sur lui-même, il se plie sur son être intime, c'est-à-dire qu'il se plaît à contempler le chaos accumulé de tout ce qu'il a appris et qui ne saurait agir au-dehors, de l'instruction qui ne saurait devenir de la vie. Si l'on s'en tient à l'extérieur, on s'aperçoit que la suppression des instincts par les études historiques a fait des hommes des abstractions pures et des ombres. Personne n'ose plus mettre sa propre individualité en avant, il prend le masque de l'homme cultivé, du savant, du poète, du politicien. Si l'on s'avise d'attaquer de pareils hommes, avec l'illusion qu'ils prennent les choses au sérieux et qu'il ne s'agit pas pour eux d'un jeu de marionnettes — attendu qu'ils font tous parade de sérieux — on s'aperçoit, au bout d'un moment, qu'on n'a plus entre les mains que des loques et des chiffons bariolés. C'est pourquoi il ne faut plus se laisser tromper, et leur enjoindre d'enlever leur déguisement ou d'être véritablement ce qu'ils paraissent être. L'homme d'esprit sérieux ne doit pas être forcé de faire le Don Quichotte, car il a mieux à faire que de se battre avec ces prétendues réalités. En tous les cas, chaque fois qu'il aperçoit le masque il doit jeter un coup d'œil perçant et crier gare. Qu'il arrache donc le masque ! Chose singulière ! on pourrait croire que l'histoire devrait encourager avant tout les hommes à être sincères, ne fût-ce même que d'une folie sincère. Et toujours il en a été ainsi, sauf actuellement ! La culture historique et le vêtement bourgeois règnent en même temps. Alors qu'il n'a jamais été parlé, avec autant d'assurance, de la « personnalité libre », on s'aperçoit à peine qu'il y a des personnalités et encore moins des personnalités libres, car partout on ne voit que des hommes universels craintivement masqués. L'individu s'est retiré dans l'intimité de l'être ; à l'extérieur on n'en aperçoit plus rien. Ce qui permet de douter qu'il puisse y avoir des causes sans effets. Ou bien, pour la garde du grand harem universel de l'histoire, une génération d'eunuques serait-elle nécessaire ? Il est vrai qu'à ceux-là le visage de l'objectivité pure siérait à merveille. On pourrait presque croire qu'il existe une tâche qui consiste à garder l'histoire, afin que rien n'en pénètre au-dehors que précisément des histoires, mais, à aucun prix, des événements, une tâche qui consiste à empêcher que, par l'histoire, les personnalités deviennent « libres », c'est-à-dire véridiques envers elles-mêmes, véridiques à l'égard des autres, en parole et en action. Grâce à cette véracité seulement la peine, la misère intérieure de l'homme moderne viendront au jour, et, en lieu et place de cette convention et de cette mascarade craintives et honteuses, pourront venir les véritables auxiliaires, l'art et la religion, qui, d'un commun accord, implanteront une culture correspondant à des besoins véritables, non point pareille à l'instruction générale actuelle, laquelle enseigne seulement à se mentir à soi-même au sujet de ces besoins et qui par là devient un véritable mensonge ambulant.

A une époque qui souffre des excès de l'instruction générale, dans quelle situation monstrueuse, artificielle et en tous les cas indigne d'elle-même, se trouve la plus véridique de toutes les sciences, cette divinité honnête et nue, la philosophie ! Dans un pareil monde d'uniformité extérieure et forcée, elle reste le monologue savant du promeneur solitaire, proie du hasard chez l'individu, secret de cabinet ou bavardage puéril entre enfants et vieillards académiques. Personne n'ose réaliser par lui-même la loi de la philosophie, personne ne vit en philosophe, avec cette simple fidélité virile qui forçait un homme de l'antiquité, où qu'il fût, quoi qu'il fît, à se comporter en stoïcien, dès qu'il avait une fois juré fidélité à la Stoa. Toute philosophie moderne est politique ou policière, elle est réduite à une apparence savante par les gouvernements, les églises, les mœurs et les lâchetés des hommes. On s'en tient à un soupir de regret et à la connaissance du passé.

La philosophie, dans les limites de la culture historique, est dépourvue de droits, si elle veut être plus qu'un savoir, retenue par l'être intime, sans action au-dehors. Si, d'une façon générale, l'homme moderne était seulement courageux et décidé, s'il n'était pas lui-même un être intérieur plein d'inimitiés et d'antinomies, il proscrirait la philosophie, il se contenterait de voiler pudiquement sa nudité. A vrai dire, on pense, on écrit, on imprime, on parle, on enseigne philosophiquement, — jusque-là tout est à peu près permis. Mais il en est autrement en action, dans ce que l'on appelle la vie réelle. Là une seule chose est permise et tout le reste est simplement impossible : ainsi le veut la culture historique. Ceux-là sont-ils encore des hommes ? se demandera-t-on alors, ou peut-être simplement des machines à penser, à écrire, à parler ?

Goethe disait un jour au sujet de Shakespeare : « Personne n'a méprisé le costume matériel autant que lui. Il connaît fort bien le costume intérieur des hommes, et, en cela, tous se ressemblent. On dit qu'il a parfaitement représenté les Romains. Ce n'est pas mon avis. Ses personnages incarnent tous de véritables Anglais. Il est vrai que ce sont aussi des hommes, foncièrement des hommes, et la toge romaine leur sied à merveille. » Or, je me demande s'il serait possible de présenter nos littérateurs, nos hommes du peuple, nos fonctionnaires, nos politiciens d'aujourd'hui sous le costume romain. Je ne le crois pas, car ce ne sont point là des hommes, mais des manuels en chair et en os et, en quelque sorte, des abstractions concrètes. Si par hasard ils avaient du caractère et une originalité propre, tout cela est si profond qu'il n'y a pas moyen de le tirer au jour. Et pour le cas où ils seraient véritablement des hommes, ce serait seulement pour ceux qui « sondent les cœurs ». A nos yeux, ils sont autre chose, non point des hommes, non point des dieux, non point des bêtes, mais des organismes de formation historique, produits de l'éducation, images et formes sans contenu démontrable, et malheureusement formes défectueuses, et de plus *uniformes*. Et c'est ainsi qu'il faut comprendre et considérer mon affirmation : *l'histoire ne peut être supportée que par les fortes personnalités; pour les personnalités faibles, elle achève de les effacer*.

Cela tient à ce que l'histoire brouille le sentiment et la sensibilité, dès que ceux-ci ne sont pas assez vigoureux pour évaluer le passé à leur mesure. Celui qui n'ose pas avoir confiance en lui-même et qui, involontairement, pour fixer son sentiment, demande conseil à l'histoire — « comment dois-je ressentir ? » — celui-là, par crainte, finit par devenir comédien. Il joue un rôle, la plupart du temps même plusieurs rôles, et c'est pourquoi il les joue tous si mal et avec tant de banalité. Peu à peu disparaît toute congruence entre l'homme et son domaine historique. Nous voyons des petits êtres pleins de suffisance s'en prendre aux Romains comme s'ils étaient leurs semblables. Ils fouillent dans les résidus des poètes romains, comme s'ils avaient devant eux des cadavres prêts à la dissection, comme s'il s'agissait d'être vils, tels qu'ils le sont peut-être eux-mêmes. Admettons que l'un d'eux s'occupe de Démocrite. J'ai toujours envie de me demander pourquoi donc Démocrite ? Pourquoi pas Héraclite ? Ou Philon ? Ou Bacon ? Ou Descartes et ainsi de suite ? Et encore, pourquoi précisément un philosophe ? Pourquoi pas un poète ? un orateur ? Et enfin : pourquoi donc un Grec ? pourquoi pas un Anglais ? un Turc ? Le passé n'est-il pas assez vaste pour que vous y trouviez quelque chose qui ne vous fasse pas paraître ridiculement quelconque. Mais, il faut le répéter, c'est là une génération d'eunuques. Car, pour l'eunuque une femme est pareille à l'autre, une femme n'est qu'une femme, la femme en soi, l'éternelle inaccessible. Dès lors, il est indifférent de savoir ce que vous faites, pourvu que l'histoire soit conservée bien « objectivement », c'est-à-dire par ceux qui ne sont jamais capables de faire eux-mêmes de l'histoire. Et, comme l'éternel féminin ne vous attire jamais à lui, vous l'abaissez jusqu'à vous et, étant vous-même des « neutres », vous considérez aussi l'histoire comme quelque chose de neutre.

Il ne faudrait pas croire cependant que je veuille comparer sérieusement l'histoire à l'éternel féminin. Je tiens à exprimer clairement que je la considère, au contraire, comme l'éternel masculin. Mais, pour ceux qui sont pénétrés de part en part de « culture historique », il est assez indifférent qu'elle soit l'un ou l'autre, car eux-mêmes ne sont-ils pas ni hommes ni femmes, ni même *communia* ? Ils sont, encore et toujours, des *neutres*, ou, pour m'exprimer d'une façon plus cultivée, les éternels objectifs.

Rien n'agit plus sur les personnalités lorsqu'on les a ainsi effacées, jusqu'à en faire disparaître à jamais le sujet, ou, comme on dit, lorsqu'on les a ainsi réduites à l' « objectivité ». Qu'il arrive quelque chose de bon et de juste — action, poème, musique — immédiatement l'homme cultivé et creux regarde au-delà de l'œuvre et s'informe des particularités qu'il y a dans l'histoire de l'auteur. Si celui-ci a déjà produit plusieurs choses, il lui faudra permettre que l'on interprète la marche de son évolution antérieure et la marche probable de son évolution future. On le placera à côté d'autres personnes pour établir des comparaisons. On examinera le choix de son sujet et la façon dont il l'a traité, et, après avoir décomposé et démêlé tout cela, après l'avoir remâché et censuré, on voudra en refaire un tout. Quoi qu'il arrive ou paraisse, fût-ce même la chose la plus surprenante, toujours l'armée des neutres historiens est sur place, prête déjà à scruter l'auteur de loin. De suite un écho retentit, mais c'est toujours sous forme de « critique », alors qu'il y a peu de temps encore le critiqueur ne songeait même pas en rêve à la possibilité de l'événement qu'il censure. Jamais il ne se produit un effet, mais encore et toujours une « critique ». Et la critique elle-même est dépourvue d'effet, car elle ne se traduit que par de nouvelles critiques. On est convenu de considérer un grand nombre de critiques comme un effet produit, un petit nombre ou l'absence complète de critiques, au contraire, comme un insuccès. Au fond, qu'il y ait pareil « effet » ou non, toutes choses demeurent en état. On se livre simplement pendant un certain temps à un nouveau bavardage, puis à un bavardage encore plus nouveau et, dans l'intervalle, on fait ce que l'on a toujours fait. La culture historique de nos critiques ne permet pas du tout qu'il y ait un « effet », au sens propre, c'est-à-dire une influence sur la vie et l'action. Sur l'écriture la plus noire, ces critiques appliquent aussitôt leur papier buvard, ils barbouillent le dessin le plus agréable de gros traits de pinceau, et veulent faire prendre ceux-ci pour des corrections. C'en est fini dès lors. Jamais leur plume critique ne cesse de couler, car ils ont perdu toute puissance sur elle et c'est plutôt elle qui les dirige au lieu d'obéir à leur main. C'est justement dans ce que leurs effusions critiques ont de démesuré, dans leur incapacité de se dominer, dans ce que les Romains appellent *impotentia*, que se révèle la faiblesse de la personnalité moderne.

6.

Mais laissons cette faiblesse. Tournons-nous plutôt vers une force souvent vantée de l'homme moderne, en nous demandant si son « objectivité » historique bien connue lui donne le droit de se dire fort, c'est-à-dire juste, plus juste que les hommes des autres époques. Est-il vrai que cette objectivité a son origine dans un besoin de justice plus intense et plus vif ? Ou bien, étant l'effet de toutes autres causes, ne fait-elle qu'éveiller l'apparence que c'est l'esprit de justice qui est la véritable cause de cet effet ? Induit-elle peut-être à un préjugé dangereux, dangereux parce que trop flatteur, au sujet des vertus de l'homme moderne ? — Socrate considérait que c'est un mal qui n'est pas loin de la folie, de s'imaginer que l'on possède une vertu, alors qu'on ne la possède pas. Certes, une pareille illusion est plus dangereuse que l'illusion contraire qui consiste à croire que l'on souffre d'un défaut, d'un vice. Car, grâce à cette folie, il est peut-être encore possible de devenir meilleur, tandis que, par cette illusion, l'homme ou l'époque deviennent de jour en jour plus mauvais — c'est-à-dire, dans le cas présent, plus injustes.

En vérité, personne n'a à un plus haut degré droit à notre vénération que celui qui possède l'instinct de la justice et la force de réaliser celle-ci. Car, dans la justice, s'unissent et s'abritent les vertus les plus hautes et les plus rares, comme dans une mer insondable qui reçoit des fleuves de tous les côtés et les absorbe en elle. La main du juste qui est autorisé à rendre la justice ne tremble plus quand elle tient la balance. Inflexible pour lui-même, le juste ajoute un poids à un autre poids. Son œil ne se trouble pas quand les plateaux montent et descendent et sa voix n'est ni dure ni brisée, lorsqu'il proclame la sentence. S'il était un froid démon de la connaissance, il répandrait autour de lui l'atmosphère glaciale d'une majesté surhumaine et épouvantable, qu'il nous faudrait craindre et non point vénérer. Mais il est un homme, et pourtant il essaie de s'élever du doute indulgent à l'austère certitude, d'une indulgente tolérance à l'impératif « tu dois », de la rare vertu de la générosité à la vertu plus rare encore de la justice ; il ressemble à ce démon, sans être à l'origine autre chose qu'un pauvre homme ; à chaque moment il expie sur lui-même son humanité, il est rongé par ce qu'il y a de tragique dans une impossible vertu. — Tout cela l'élève dans une hauteur solitaire, comme s'il était l'exemple le plus *vénérable* de l'espèce humaine ; car il veut la vérité, non point sous forme de froide connaissance, sans enchaînement, mais comme la justicière qui ordonne et qui punit ; la vérité non point comme propriété égoïste de l'individu, mais comme un droit sacré à déplacer toutes les bornes de la propriété égoïste ; bref, la vérité comme jugement de l'humanité et nullement comme une proie saisie au vol et un plaisir de chasseur. Ce n'est que dans la mesure où le véridique possède la volonté absolue d'être juste qu'il y a quelque chose de grand dans cette aspiration à la vérité glorifiée partout si étourdiment. Toute une série d'instincts très différents, tels que la curiosité, la crainte de l'ennui, la jalousie, la vanité, le goût du jeu, qui n'ont rien à voir du tout avec la vérité, aux yeux de certains observateurs moins sagaces, seraient identiques à cet instinct de vérité qui a sa racine dans l'esprit de justice. De telle sorte que le monde semble être plein de gens qui sont « au service de la vérité », alors que la vertu de la justice est extrêmement rare, qu'elle est reconnue plus rarement encore et que presque toujours elle est détestée à mort. Au contraire, l'armée des vertus apparentes est vénérée à toutes les époques et elle étale ses fastes. Il y en a peu qui servent la vérité, en vérité, parce qu'il y en a peu qui sont animés de la pure volonté d'être justes, et, parmi ceux-là, le plus petit nombre seulement possède assez de force pour pouvoir être juste. Il ne suffit nullement d'en avoir la volonté, et précisément les maux les plus épouvantables sont descendus sur les hommes à cause de l'instinct de justice qui n'était pas doublé de faculté de jugement. C'est pourquoi le bien public n'exigerait qu'une seule chose, que la semence du jugement fût semée autant que possible, pour que l'on distingue le fanatique du juge, l'envie aveugle d'être juge de la force consciente du droit au jugement. Mais où donc trouverait-on un moyen pour implanter la faculté de jugement ? C'est pourquoi ces hommes, dès qu'il leur sera parlé de vérité et de justice, s'arrêteront toujours dans l'hésitation, ne sachant pas si c'est un fanatique ou un juge qui leur parle. Il faut donc leur pardonner s'ils ont toujours salué, avec une bienveillance particulière, ces serviteurs de la vérité qui n'ont ni la volonté ni la force de juger, et qui ont pris pour tâche de chercher la connaissance « pure et sans conséquence », ou, plus exactement, la vérité qui n'aboutit à rien. Il y a beaucoup de vérités indifférentes ; il y a des problèmes auxquels on peut trouver une solution juste, sans qu'il y ait besoin de victoire sur soi-même, à plus forte raison de sacrifice. Dans ce domaine indifférent et sans danger, il sera peut-être aisé, pour un homme, de devenir un froid démon de la connaissance. Et pourtant ! Quand, à des époques particulièrement favorisées, des cohortes entières de savants et de chercheurs sont transformées en de semblables démons, il reste néanmoins malheureusement possible que de telles époques soient privées du sévère et magnifique esprit de justice, c'est-à-dire du plus noble germe de ce que l'on appelle instinct de vérité.

Qu'on se représente dès lors l'historien virtuose de l'époque présente. Est-il l'homme le plus juste de son époque ? Certes, il a développé en lui une telle subtilité, une telle irritabilité du sentiment que rien d'humain ne lui demeure étranger. Les époques et les personnes les plus différentes font vibrer immédiatement sa lyre en des sons analogues. Il est devenu un écho passif qui, par son résonnement, éveille d'autres échos passifs, jusqu'à ce que toute l'atmosphère d'une époque soit remplie de l'entrecroisement subtil de pareils échos. Il me semble pourtant que l'on n'entend plus, si je puis m'exprimer ainsi, que les notes hautes, dans les harmonies originales de ce concert historique. Il est impossible alors de deviner ce qu'il y avait là de solide et de puissant, tant les accords ténus et aigus prennent le dessus. Les sons originaux éveillaient l'image d'actions, d'angoisses, de terreurs ; ceux-ci nous bercent et font de nous des jouisseurs douillets. C'est comme si l'on avait arrangé pour deux flûtes la symphonie héroïque pour qu'elle fasse les délices de fumeurs d'opium abîmés dans leurs rêves. A cette mesure on pourra évaluer ce qu'il en est, chez ces virtuoses, des aspirations supérieures de l'homme moderne à une justice plus haute et plus pure. Une pareille vertu est dépourvue de complaisance, elle ne connaît pas les émotions charmantes, elle est dure et épouvantable. Quel rang inférieur occupera dans l'échelle des vertus, si on l'évalue d'après cette échelle, la générosité qui est pourtant la vertu de quelques rares historiens ! Parmi eux, un plus grand nombre ne parvient que jusqu'à la tolérance, à l'acceptation de ce qui ne peut pas être nié, à l'arrangement et à l'enjolivation mesurée et bienveillante, avec la sage conviction que le vulgaire croira à de l'esprit de justice, quand le passé est raconté sans de durs accents et sans une expression de haine. Mais seule la force prépondérante peut juger, la faiblesse doit tolérer, quand elle ne veut pas affecter de la force et faire de la justice du prétoire une comédienne.

Or, il reste encore une autre, une terrible catégorie d'historiens, caractères braves, sévères et honnêtes, mais cerveaux étroits. La volonté de bien faire et d'être juste existe là au même degré que la phraséologie du juge ; mais tous les jugements sont faux, à peu près pour la même raison qui fait que les arrêts des collèges de jurés ordinaires sont généralement faux. Combien invraisemblable est donc la fréquence du talent historique ! Nous faisons ici complètement abstraction des égoïstes masqués et des sectaires qui, en jouant leur mauvais jeu, ont l'air le plus objectif du monde. Nous faisons également abstraction des gens tout à fait irréfléchis qui, en tant qu'historiens, écrivent avec la naïve conviction que leur époque, avec ses idées populaires, a raison, plus qu'aucune autre, et qu'écrire, conformément à cette époque, équivaut à écrire avec justice. C'est là une croyance qui est celle de toute espèce de religion, et quand il s'agit de religions on ne peut pas en dire davantage. Les historiens naïfs appellent « objectivité » l'habitude de mesurer les opinions et les actions passées aux opinions qui ont cours au moment où ils écrivent. C'est là qu'ils trouvent le canon de toutes les vérités. Leur travail c'est d'adapter le passé à la trivialité actuelle. Par contre, ils appellent « subjective » toute façon d'écrire l'histoire qui ne considère pas comme canoniques ces opinions populaires.

Et, lors même que l'on donnerait au mot « objectif » sa suprême signification, ne renfermerait-il pas une illusion ? On entend par ce mot, chez l'historien, un état d'esprit où celui-ci considère un événement, dans ses motifs et ses conséquences, avec une telle pureté que cet événement ne saurait avoir sur son sujet aucun effet. On entend ce phénomène esthétique où le peintre détaché de tout intérêt personnel contemple son image intérieure, au milieu de la tempête, sous le tonnerre et les éclairs, ou sur une mer agitée, et oublie ainsi sa propre personnalité. On demande donc aussi à l'historien de s'abandonner à cette contemplation artistique, à cet état d'immersion complète au fond des choses. Mais c'est une erreur de croire que l'image des choses extérieures, dans l'âme d'un homme ainsi disposé, reproduise l'essence empirique de celles-ci. Ou bien, se pourrait-il qu'en un pareil moment les choses se reproduisent en quelque sorte par leur propre activité, se photographient sur un organisme absolument passif ?

Ce serait là une mythologie et, de plus, une

mythologie fort mauvaise. De plus, on oublie que ce moment est précisément le moment de la fécondation, le plus violent, le plus actif et le plus personnel dans l'âme de l'artiste, un moment de suprême création, dont le résultat sera une peinture vraie au point de vue artistique, mais non pas au point de vue historique. Concevoir ainsi l'histoire au point de vue objectif, c'est le travail silencieux du dramaturge. A lui de sonder en imagination les événements, de lier les détails pour en former un ensemble. Partout il devra partir du principe qu'il faut mettre une unité de plan dans les choses, dès que cette unité ne s'y trouve pas déjà. C'est ainsi que l'homme entoure le passé d'un réseau, c'est ainsi qu'il le domine, c'est ainsi qu'il manifeste son instinct artistique — mais non point son instinct de vérité et de justice. L'objectivité et l'esprit de justice n'ont rien de commun. On pourrait imaginer une façon d'écrire l'histoire qui ne contiendrait pas une parcelle de commune vérité empirique et qui pourrait pourtant prétendre au plus haut degré à l'objectivité. Grillparzer ose même déclarer : « Qu'est donc l'histoire sinon la façon dont l'esprit des hommes accueille les événements qui pour lui sont *impénétrables* ; la façon dont il lie ce qui cadre Dieu sait comment ; la façon dont il remplace ce qui est incompréhensible par quelque chose de compréhensible ; la façon dont il prête ses conceptions d'une finalité extérieure à un tout qui ne connaît probablement qu'une finalité intérieure ; la façon dont il admet le hasard là où agissent mille petites causes ? Tout homme possède sa finalité particulière, en sorte que mille directions courent les unes à côté des autres en lignes courbes et droites ; elles s'entrecroisent, se favorisent ou s'entravent, vont de l'avant et reculent, et prennent de la sorte, les unes vis-à-vis des autres, le caractère du hasard, rendant ainsi impossible, abstraction faite des influences des phénomènes de la nature, la démonstration d'une finalité décisive dans les événements qui embrasserait l'humanité tout entière. »

Or, le résultat de ce regard « objectif » jeté sur les choses doit précisément mettre en lumière une pareille finalité. C'est là une hypothèse qui, si l'historien l'érigeait en article de foi, ne pourrait prendre qu'une forme singulière. Il est vrai que Schiller voit parfaitement clair au sujet du caractère absolument subjectif de cette supposition, quand il dit de l'historien : « Un phénomène après l'autre commence à se soustraire à l'aveugle hasard, à la liberté sans règle, pour prendre rang, tel un membre qui s'ajuste dans un ensemble harmonieux — ensemble qui à vrai dire n'existe que dans l'imagination. » Que faut-il penser, par contre, de cette affirmation d'un célèbre historien virtuose, introduite avec tant de crédulité, et qui flotte entre la tautologie et le contresens : « Toute activité humaine est soumise à la puissante et incessante marche des choses, activité imperceptible, qui se soustrait parfois à l'observation » ? Dans cette phrase il n'y a pas plus de sagesse énigmatique que de folie non énigmatique. Elle ressemble à cette affirmation du jardinier de la cour dont parle Goethe : « On peut peut-être forcer la nature, mais non pas la contraindre », ou bien à cette inscription d'une boutique de foire dont parle Swift : « Ici l'on peut voir le plus grand éléphant du monde, à l'exception de lui-même. » Car, quelle opposition y a-t-il entre la marche des choses et l'activité humaine ? Je remarque en général que les historiens, pareils à celui dont je viens de citer une phrase, n'instruisent plus dès qu'ils s'abandonnent à des généralités et qu'alors ils voilent, par des obscurités, le sentiment qu'ils ont de leur propre faiblesse. Dans d'autres sciences, les généralités sont ce qu'il y a de plus important, pour autant qu'elles contiennent les lois. Mais, si l'on voulait nous présenter comme des lois des affirmations semblables à celle que nous venons de reproduire, nous pourrions répondre, que dans ce cas, le travail de l'historien ne serait que du gaspillage, car si l'on déduit de pareilles phrases les obscurités et le reliquat insoluble dont nous avons parlé, ce qui demeure est archiconnu et même trivial, chacun ayant eu l'occasion de s'en rendre compte dans le plus étroit domaine de l'expérience. Or, incommoder avec ce fatras des peuples entiers et y employer de pénibles années de travail, ce ne serait pas autre chose que d'accumuler, dans les sciences naturelles, expérience sur expérience, sans tenir compte que, du trésor des expériences connues, la loi a depuis longtemps pu être déduite. Selon Zöllner, les sciences naturelles souffriraient du reste aujourd'hui de ces excès insensés dans l'expérimentation. Si la valeur d'un drame ne résidait que dans l'idée principale et dans le thème final, le drame lui-même ne serait qu'un long détour, un chemin pénible et tortueux, pour arriver au but. J'espère donc que la signification de l'histoire ne se trouve pas dans les idées générales qui seraient en quelque sorte ses fleurs et ses fruits, mais que sa valeur consiste précisément à paraphraser spirituellement un thème connu, peut-être ordinaire, une mélodie de tous les jours, pour l'élever jusqu'au symbole universel, afin de laisser entrevoir, dans le thème primitif, tout un monde de profondeur, de puissance et de beauté.

Mais, pour y parvenir, il faut avant tout une grande puissance artistique, de hautes vues créatrices, un sincère approfondissement dans les dates empiriques, un développement par l'imagination des types donnés — à vrai dire, c'est de l'objectivité qu'il faut, mais comme qualité positive. Or, trop souvent l'objectivité n'est qu'une phrase. Au lieu du calme tranquille et sombre de l'œil artistique qui cache un éclair intérieur, on n'aperçoit qu'un calme affecté ; de même que l'absence d'allure et de force morale se travestit généralement en observation froide et incisive. Dans certains cas, la banalité de sentiments, la sagesse de tout le monde qui ne fait l'impression du calme et de la tranquillité que par l'ennui qu'elle répand, ne se hasarde à paraître au-dehors que pour se donner l'apparence de cette condition artistique, où le sujet se tait et devient parfaitement imperceptible. Alors on cherche à faire montre de tout ce qui n'émeut point et le mot le plus sec paraît être le bon. On va même jusqu'à croire que celui qu'un moment du passé *ne regarde* en rien est précisément appelé à présenter ce moment. C'est le rapport qu'occupent souvent, les uns vis-à-vis des autres, les philologues et les Grecs : ils ne se regardent en rien. On appelle alors cela de l' « objectivité ». Or, quand c'est ce qu'il y a de plus élevé et de plus rare qui doit être exposé, l'indifférence étalée avec intention, l'argumentation volontairement plate et sèche, sont d'autant plus révoltantes, surtout quand c'est la *vanité* de l'historien qui pousse à cette impassibilité aux allures objectives. Du reste, en face de pareils auteurs, il importe de motiver son jugement selon le principe que la vanité chez l'homme est en raison inverse de sa raison.

Non, ayez au moins de la probité ! Ne cherchez pas à donner le change en vous efforçant de créer l'apparence de la justice quand vous n'êtes pas prédestinés à la terrible vocation du juste. Comme si l'obligation de la justice envers toutes choses était la tâche de toutes les époques ! On peut même affirmer que les époques et les générations n'ont jamais le droit de s'ériger en juges sur toutes les époques et toutes les générations antérieures. Des individus seuls, et parmi eux les plus rares, peuvent accomplir cette mission ingrate. Qui donc vous force à juger ? Faites donc un examen de conscience, vous verrez alors si vous êtes capables de juger quand vous le voudrez. En tant que juges, il vous faudrait être placés plus haut que ceux que vous avez à juger, tandis que votre seule qualité c'est d'être arrivés plus tard. Les hôtes qui s'approchent en dernier lieu de la table doivent, à bon droit, occuper les dernières places, et vous voulez obtenir les premières. Eh bien ! accomplissez du moins ce qu'il y a de plus élevé et de plus sublime. Peut-être vous fera-t-on alors de la place, lors même que vous arriveriez les derniers.

Ce n'est que par la plus grande force du présent que doit être interprété le passé : ce n'est que par la plus forte tension de vos facultés les plus nobles que vous devinerez ce qui, dans le passé, est digne d'être connu et conservé, que vous devinerez ce qui est grand. L'égal par l'égal ! Autrement vous abaissez le passé à votre niveau. Ne croyez pas à une historiographie qui ne sort pas de la pensée des cerveaux les plus rares ; vous reconnaîtrez toujours la qualité de ces esprits lorsqu'ils seront forcés d'exprimer une idée générale ou qu'il leur faudra répéter une chose universellement connue. Le véritable historien doit avoir la force de transformer les choses les plus notoires en choses inouïes et de proclamer les idées générales, avec tant de simplicité et de profondeur que la profondeur en fait oublier la simplicité et la simplicité la profondeur. Personne ne peut être en même temps un grand historien, un artiste et un esprit borné. Il ne faut cependant pas mépriser les travailleurs qui poussent la brouette, qui remblayent et tamisent, sous prétexte qu'ils ne pourront assurément pas devenir de grands historiens ; il faut encore moins les confondre avec ceux-ci, mais les regarder comme des ouvriers et des manœuvres nécessaires au service du maître : quelque chose comme ce que les Français appellent, avec une naïveté encore plus grande qu'elle ne serait possible chez des Allemands, des historiens à la façon de M. Thiers. Ces travailleurs deviendront peu à peu de grands savants, mais cela ne suffit pas pour qu'ils deviennent jamais des maîtres. Un grand savant et un esprit borné, voilà qui se rencontre déjà plus facilement sous le même bonnet.

Donc, c'est l'homme supérieur et expérimenté qui écrit l'histoire. Celui qui n'a pas eu dans sa vie des événements plus grands et plus sublimes que n'en ont eu ses semblables ne sera pas à même d'interpréter ce qu'il y a dans le passé de grand et de sublime. La parole du passé est toujours parole d'oracle. Vous ne l'entendrez que si vous êtes les constructeurs de l'avenir et les interprètes du présent.

On explique maintenant principalement l'extraordinaire influence, si lointaine et si profonde, des oracles de Delphes par ce fait que les prêtres delphiens avaient une connaissance approfondie du passé. Du moment que vous regardez vers l'avenir, que vous vous imposez un but sublime, vous maîtrisez en même temps cet instinct analytique exubérant qui maintenant ravage pour vous le présent et qui rend presque impossible toute tranquillité, tout paisible développement, toute maturité. Élevez autour de vous le rempart d'un espoir sublime et vaste, d'une aspiration pleine d'espérance. Formez-vous une image, à quoi l'avenir doive correspondre et oubliez de croire que vous êtes des épigones, ce qui est une superstition. Vous aurez suffisamment à penser et à inventer, si vous pensez à cette vie à venir. Mais ne demandez pas à l'histoire de vous montrer le pourquoi et le comment. Si pourtant vous vous pénétrez de la vie des grands hommes, vous y trouverez ce commandement supérieur d'aspirer à la maternité et d'échapper à cette bruyante contrainte de l'éducation moderne qui trouve son profit à ne pas vous laisser mûrir, pour pouvoir vous dominer et vous exploiter. Et si vous avez besoin de consulter des biographies, ne choisissez pas celles qui portent le titre : *Monsieur Untel et son Temps*, mais préférez les études qui pourraient s'intituler : « Un lutteur qui combattit son temps. » Abreuvez votre âme de Plutarque et osez croire en vous-mêmes en croyant à ses héros.

Avec une centaine de ces hommes, élevés ainsi à l'encontre des idées modernes, je veux dire, avec des hommes qui ont atteint leur maturité et qui ont pris l'habitude de ce qui est héroïque, toute la bruyante culture inférieure de ce temps serait réduite à un silence éternel. —

7.

Le sens historique, lorsqu'il peut régner sans entraves et tire toutes les conséquences de sa domination, déracine l'avenir, parce qu'il détruit les illusions et enlève aux choses existantes l'atmosphère qui les entoure et dont elles ont besoin pour vivre. C'est pourquoi la justice historique, lors même que l'on en ferait profession, sous l'inspiration des sentiments les plus purs, est une vertu terrible, car elle sape toujours par la base et elle détruit ce qui est vivant. Juger, pour elle, c'est toujours anéantir. Quand, derrière l'instinct historique, il n'y a pas un instinct constructeur qui agit, quand on ne détruit et ne déblaye point, pour qu'un avenir déjà vivant en espérance édifie sa demeure sur le sol débarrassé, quand la justice seule règne, alors l'instinct créateur est affaibli et découragé. Une religion, par exemple, qui doit être transformée en savoir historique, une religion qui doit être étudiée de part en part, scientifiquement, une fois cette étape franchie, sera, par là même, détruite. Toute vérification historique amène au jour tant de choses fausses, grossières, inhumaines, absurdes, violentes que, forcément, se dissipe l'atmosphère d'illusion pieuse où tout ce qui a le désir de vivre peut seul prospérer. Car l'homme ne saurait créer qu'en amour ; abrité par l'illusion de l'amour, il aura la foi absolue en la perfection et la justice. /

Dès que l'on force quelqu'un à ne plus aimer d'une façon absolue, on a coupé la racine de sa puissance : dès lors il desséchera, c'est-à-dire qu'il ne sera plus sincère. Il faut opposer aux effets de l'histoire les effets de l'art, et c'est seulement quand l'histoire supporte d'être transformée en œuvre d'art, de devenir un produit de l'art, qu'elle peut conserver des instincts et peut-être même éveiller des instincts. Or, une pareille façon d'écrire l'histoire serait en parfaite contradiction avec la tendance analytique et antiartistique de notre époque, on irait même jusqu'à y voir une falsification. Mais les études historiques qui ne font que détruire, sans qu'un profond instinct édificateur les dirige, usent et déforment peu à peu leurs instruments. Les historiens étouffent les illusions, et « celui qui détruit les illusions, en lui-même et chez les autres, sera puni par la nature, qui est le plus sévère des tyrans ». /

A vrai dire, durant un certain temps, on peut s'occuper d'études historiques, avec innocence et sans y chercher malice, comme si c'était là une occupation semblable à toutes les autres. La nouvelle théologie, en particulier, semble s'être mise en rapport avec l'histoire par pure innocence, et, maintenant encore, elle daigne à peine s'apercevoir que, par là même, probablement bien à contrecœur, elle s'est placée au service de l' « *écrasez l'infâme* » de Voltaire. Que personne ne s'y trompe, croyant reconnaître, sous tout cela, de nouveaux et vigoureux instincts de bâtisseur. A moins que l'on ne veuille faire passer la prétendue Association protestante pour le sein maternel d'une nouvelle religion et le juriste Holtzendorf (éditeur et préfacier d'une encore plus prétendue Bible protestante) pour saint Jean au bord du Jourdain. Possible que, durant un certain temps, la philosophie hégélienne, dont la fumée emplit encore les esprits d'un âge moyen, aide à la propagation de cette naïveté, de telle sorte, l'on établit, par exemple, une différence entre l' « idée du christianisme » et ses « apparences » multiples et imparfaites. On se fera alors accroire à soi-même que cette « idée » trouve un malin plaisir à se manifester sous des formes toujours plus pures, pour finir enfin par choisir la forme certainement la plus claire et la plus translucide — au point qu'elle devient à peine visible — dans le cerveau de l'actuel *theologus liberalis vulgaris*.

Mais quand il entend ces christianismes *les plus purs* se prononcer sur les christianismes antérieurs qui étaient *impurs*, l'auditeur impartial a souvent l'impression qu'il n'est point du tout question de christianisme. De quoi donc alors ? A quoi devons-nous penser, quand nous entendons « les plus grands théologiens du siècle » définir le christianisme comme la religion qui permet « de pénétrer par l'esprit dans toutes les religions véritables et, plus encore, dans celles qui sont seulement possibles », quand l' « Église véritable » qu'apportera l'avenir sera « une masse en fusion et sans contours, où chaque partie se trouvera tantôt ici, tantôt là et où tout se mêlera en paix » ? — Encore une fois, à quoi devons-nous penser ?

Ce qui s'est passé avec le christianisme, à savoir que, sous l'influence du traitement historique, il est devenu falot et anti-naturel (au point que cette pratique juste poussée à l'extrême en a fait une simple histoire de la religion, de religion qu'il était), on peut l'étudier sur tout ce qui possède de la vie. Ce qui vit cesse de vivre quand on a achevé de le disséquer. L'état douloureux et maladif commence quand commencent les exercices de dissection historique. Il y a des hommes qui croient à une vertu curative, transformatrice et réformatrice de la musique allemande sur les Allemands. Ils voient avec colère et considèrent que c'est une injustice commise sur ce que notre civilisation a de plus vivant, quand des hommes comme Mozart et Beethoven sont aujourd'hui déjà accablés par le savant fatras des biographes, et forcés de répondre à mille questions insidieuses, par le système de torture de la critique historique. Ce qui n'a pas encore épuisé ses influences vivantes n'est-il pas chaque fois aboli mal à propos ou du moins paralysé, par le fait que l'on dirige la curiosité sur d'innombrables micrologies de la vie et des œuvres et que l'on cherche des problèmes de la connaissance, là où l'on devrait apprendre à vivre et à oublier tous les problèmes ? Or, transportez, en imagination, quelques-uns de ces biographes modernes au lieu de naissance du christianisme ou de la réforme luthérienne. Leur sèche curiosité pragmatisante aurait suffi pour rendre impossible toute mystérieuse action à distance, comme l'animal le plus misérable peut empêcher la formation du chêne le plus puissant, par le fait qu'il dévore le gland.

Tout ce qui vit a besoin de s'entourer d'une atmosphère, d'une auréole mystérieuse. Lui enlève-t-on cette enveloppe, condamne-t-on une religion, un art, un génie à graviter comme un astre sans enveloppe nébuleuse, on ne doit pas s'étonner de voir cet organisme sécher, se durcir, se stériliser à bref délai. C'est la loi qui régit toutes les grandes choses, lesquelles, comme dit Hans Sachs dans *Les Maîtres Chanteurs*, « ne prospèrent pas sans un peu d'illusion ».

Mais tout peuple aussi, tout homme qui veut arriver *à maturité*, a besoin d'une de ces illusions protectrices, d'un nuage qui l'abrite et l'enveloppe. Aujourd'hui cependant on a horreur de la maturité, parce que l'on fait plus de cas de l'histoire que de la vie. Bien plus, on se glorifie de ce que « la science commence à régner sur la vie ». Il est possible que l'on finisse par en arriver là, mais il est certain qu'une vie ainsi régentée ne vaut pas grand-chose, parce qu'elle est beaucoup moins « vie », et porte en germe moins de vie à venir que la vie de jadis, régie non par le savoir, mais par l'instinct et par de puissantes illusions. On nous objectera que notre temps ne doit pas être l'ère des personnalités accomplies, mûries, harmonieuses, mais bien celle d'un travail collectif, le plus productif possible. Cela revient à dire que les hommes doiven être dressés en vue des besoins de notre temps, afi. qu'ils soient en mesure de mettre la main à la pâte qu'ils doivent travailler à la grande usine des « utilités » communes avant d'être mûrs, et même afin qu'ils ne deviennent jamais mûrs, — car ce serait là un luxe qui soustrairait au « marché du travail » une quantité de force. On aveugle certains oiseaux pour qu'ils chantent mieux : je ne crois pas que les hommes d'aujourd'hui chantent mieux que leurs grands-parents, mais ce que je sais, c'est qu'on les aveugle tout jeunes. Et le moyen, le moyen scélérat qu'on emploie pour les aveugler, c'est une *lumière trop intense, trop soudaine* et *trop variable.* Le jeune homme est promené, à grands coups de fouet, à travers les siècles : des adolescents qui n'entendent rien à la guerre, aux négociations diplomatiques, à la politique commerciale, sont jugés dignes d'être initiés à l'histoire politique. Et, de même que le jeune homme galope à travers l'histoire, l'homme moderne galope à travers les musées, ou court entendre des concerts. On sent bien que telle musique sonne autrement que telle autre, que telle chose produit une autre impression que telle autre. Or, perdre de plus en plus ce sentiment de surprise, ne plus s'étonner démesurément de rien, enfin se prêter à tout, — voilà ce qu'on appelle le sens historique, la culture historique. A parler franc : la masse des matières de connaissance qui nous arrivent de toute part est si formidable, tant d'éléments inassimilables, exotiques, se poussent violemment, irrésistiblement, « tassés en hideux monceaux », pour trouver accès dans une jeune âme, que celle-ci n'a d'autre ressource, pour se défendre de cette invasion, qu'une hébétude volontaire. Chez des natures douées à l'origine d'une conscience plus subtile et plus forte, un autre sentiment ne tarde pas à se faire jour : le dégoût. Le jeune homme est devenu un sans-patrie, il doute de toutes les coutumes et de toutes les idées. Il le sait bien à présent : autres temps, autres mœurs ; peu importe donc ce que tu es. Dans une mélancolique atonie, il laisse défiler devant lui une opinion après l'autre, et il comprend l'état d'âme et la parole de Hölderlin, après la lecture de l'ouvrage de Diogène Laërce sur la vie et la doctrine des philosophes grecs : « Une fois de plus j'ai ressenti cette impression souvent éprouvée déjà, que ce caractère transitoire et éphémère des pensées et des systèmes de l'homme m'affecte d'une manière plus tragique que ce que l'on nomme les vicissitudes de la vie réelle. »

Non, une telle inondation historique, abêtissante et violente, n'est certainement pas indispensable à la jeunesse, ainsi que le montre l'exemple des anciens; bien plus elle est un danger, et un danger des plus graves, comme le montre l'exemple des modernes. Or, considérez à présent l'étudiant d'histoire lui-même, à qui est échu en héritage ce sens blasé trop précoce qui s'aperçoit déjà chez lui dès son jeune âge. Il s'est assimilé la « méthode » de travail personnel, le tour de main et le ton distingué de son maître; un petit chapitre du passé soigneusement isolé du reste est le champ d'expériences livré à sa sagacité et à la méthode qu'il a acquise; il a déjà produit, ou même, pour employer une expression plus altière, il a déjà « créé ». Dès lors, il est devenu, par ce haut fait, serviteur de la vérité et maître dans le domaine de l'histoire. Si, comme enfant déjà, il était « fait », le voilà maintenant trop fait : vous n'avez qu'à le secouer et la sagesse tombera à grand fracas de ses branches. Mais cette sagesse est pourrie, et chaque pomme a son ver. Croyez-m'en, quand on veut que les hommes travaillent et se rendent utiles dans l'usine de la science, avant d'avoir atteint leur maturité, on ruine la science dans le plus bref délai, aussi bien que l'on ruine les esclaves employés de trop bonne heure à cette usine. Je regrette que l'on soit obligé de se servir déjà de l'argot des propriétaires d'esclaves et des employeurs, pour décrire des conditions de vie qui devraient être imaginées pures de tout utilitarisme et à l'abri des nécessités de l'existence. Mais involontairement des expressions comme « usine », « marché du travail », « offre et demande », « exploitation » — et quels que soient les autres termes qui qualifient les auxiliaires de l'égoïsme — vous viennent aux lèvres, lorsque l'on veut décrire la plus jeune génération des savants. L'honnête médiocrité devient toujours plus médiocre, la science, au point de vue économique, toujours plus utilitaire. Les savants dernier modèle ne sont, en réalité, instruits que sur un seul point — sur ce point-là, il est vrai, ils sont plus instruits que tous les hommes du passé, mais sur tous les autres points ils sont — pour parler avec prudence — seulement infiniment *différents* de tous les savants de l'ancien modèle.

Ils n'en réclament pas moins pour eux des honneurs et des avantages, comme si l'État et l'opinion publique étaient tenus de regarder les nouvelles monnaies comme étant d'aussi bon aloi que les anciennes. Les charretiers ont fait entre eux un contrat de travail et ils ont décrété que le génie était inutile ; — sur quoi ils ont délivré à chaque charretier l'estampille du génie. Mais la postérité verra bien à leurs édifices qu'ils ont fait un travail de charretier et non point œuvre d'architecte. A ceux qui ont sans cesse à la bouche le cri de guerre moderne et l'appel au sacrifice : « division du travail, restez dans le rang ! » il convient de répondre une fois haut et clair : plus vous voudrez accélérer les progrès de la science, plus vite vous anéantirez la science, de même que périt une poule que l'on contraint artificiellement à pondre trop vite ses œufs. La science a fait, dans cette dernière dizaine, des progrès étonnamment rapides. A merveille ! Mais regardez donc les savants : des poules épuisées. Vraiment, ce ne sont point là des natures « harmonieuses » ! Ils savent seulement caqueter plus souvent qu'autrefois, parce qu'ils pondent plus d'œufs : il est vrai que ces œufs sont de plus en plus petits, encore que les livres que font les savants soient de plus en plus gros. Un dernier résultat, résultat fort naturel, se produit, le désir général de « populariser » la science (de même que celui de la « féminiser », de l' « infantiliser »), ce qui équivaut à ajuster le vêtement de la science au corps du « public moyen », pour désigner une activité de tailleur dans le langage des tailleurs. Goethe voyait dans ce procédé un abus et voulait que les sciences n'agissent sur le monde extérieur que par une *pratique supérieure*. Les anciennes générations de savants avaient en outre de bonnes raisons pour considérer un pareil abus comme pénible et importun. Les jeunes savants ont également de bonnes raisons pour le prendre à la légère, puisque, abstraction faite de la petite sphère scientifique qui leur appartient, ils font partie, eux aussi, du public moyen et portent en eux les besoins de ce public. Il leur suffit de s'asseoir commodément pour ouvrir le domaine de leurs études à ce besoin mêlé de curiosité populaire. Ce geste de paresseux devient après coup « l'humble condescendance du savant qui se penche vers son peuple », alors qu'en réalité le savant n'est descendu qu'en lui-même, pour autant qu'il n'est point savant, mais fraction du populaire. Créez donc vous-même la conception du « peuple », vous ne pourrez l'imaginer assez noble et assez haute. Si vous aviez une haute idée du peuple, vous auriez aussi pitié de lui et vous vous garderiez bien de lui offrir votre mixture historique comme un breuvage de vie. Or, au fond, vous pensez peu de chose au sujet du peuple, parce que vous ne pouvez pas avoir de son avenir une estime véritable et bien fondée, et vous agissez comme des pessimistes pratiques, je veux dire comme des hommes guidés par le pressentiment de la décadence, et qui, par conséquent, deviennent indifférents au bien des autres et même à leur propre bien.

Pourvu que la glèbe sur laquelle nous vivons nous porte encore ! Et si elle ne nous porte plus ce sera également « tant mieux ». Tel est leur sentiment, et ainsi ils vivent d'une existence *ironique.*

8.

Cela peut paraître étrange, mais non point contradictoire, si je prête malgré tout à une époque qui, volontiers insiste sur sa culture historique et le fait avec des cris de triomphe, une sorte de *conscience ironique*, une sorte de sentiment vague qu'il ne s'agit point là de se réjouir, une certaine crainte que ce pourrait bien en être fait un jour de toute la joie de la connaissance historique. Par rapport à certaines personnalités, Goethe nous a présenté un problème analogue, en nous donnant une remarquable caractéristique de Newton. Il trouve au fond (ou plutôt au sommet) de son être « un obscur pressentiment de ses torts », l'expression, perçue à certains moments, d'une conscience supérieure et justicière qui est parvenue, au-dessus de sa nature propre, à un certain coup d'œil ironique. C'est ainsi que l'on trouve, précisément chez les hommes dont les idées historiques ont atteint un développement supérieur et plus étendu, la conviction, tempérée parfois jusqu'au scepticisme général, que c'est une superstition de croire que l'éducation d'un peuple doit être comme elle l'est aujourd'hui, essentiellement historique. Les peuples les plus vigoureux, par leurs actes et par leurs œuvres, n'ont-ils pas vécu autrement, n'ont-ils pas fait autrement l'éducation de leur jeunesse ? Mais — et c'est là l'objection des sceptiques — à nous convient cette superstition, à nous convient cette absurdité, à nous les tard-venus, derniers rameaux étoilés de générations puissantes et joyeuses. C'est à nous qu'il faut appliquer la prophétie d'Hésiode qui affirme qu'un jour les hommes naîtraient avec des cheveux gris et que Zeus détruirait cette génération, aussitôt que ce signe deviendrait visible. De fait, la culture historique est véritablement une sorte de caducité de naissance, et ceux qui en portent les stigmates depuis leur enfance doivent arriver à croire instinctivement à la *vieillesse de l'humanité*. Mais à la vieillesse convient une occupation de vieillard : regarder en arrière, passer en revue, dresser un bilan, chercher une consolation dans les événements d'autrefois, évoquer des souvenirs, en un mot s'adonner à une culture historique. L'espèce humaine cependant est une chose tenace et persévérante qui ne veut pas que l'on juge ses pas — en avant et en arrière — d'après des centaines de milliers d'années. Autrement dit, l'espèce humaine n'a aucune velléité de se laisser juger dans son ensemble par cet atome infinitésimal qu'est l'homme individuel. Que signifient quelques milliers d'années (autrement dit l'espace de temps compris entre trente-quatre vies humaines qui se succèdent, de soixante années chacune), pour pouvoir parler au commencement d'une pareille époque de « jeunesse » et à la fin déjà de « vieillesse de l'humanité » ! N'y aurait-il pas peut-être, au fond de cette croyance paralysante à une humanité qui dépérit déjà, le malentendu d'une conception théologique et chrétienne, héritée du Moyen Âge, à savoir l'idée d'une fin prochaine du monde, d'un jugement dernier attendu avec angoisse ? Cette conception serait-elle travestie par l'augmentation de ce besoin de jugement historique, comme si notre époque, étant la dernière des époques possibles, se trouvait qualifiée pour exécuter, sur l'ensemble du passé, ce jugement dernier que la foi chrétienne n'attend nullement de l'homme, mais du « fils de l'homme » ?

Autrefois ce « *memento mori* », jeté à l'humanité aussi bien qu'à l'individu, était un aiguillon torturant sans cesse. C'était en quelque sorte le sommet de la science et de la conscience du Moyen Âge. La parole des temps modernes, « *memento vivere* », qu'on lui oppose aujourd'hui, à franchement parler, garde encore un accent un peu timide, ne jaillit pas à pleine gorge et conserve presque quelque chose de malhonnête. Car l'humanité est encore attachée fortement au « *memento mori* » et elle le montre par son goût pour l'histoire. Malgré ses pressants coups d'aile historiques, la science n'a pu briser ses entraves et s'élancer dans l'air libre ; un profond sentiment de désespoir est demeuré et a pris cette teinte historique qui obscurcit aujourd'hui et rend mélancoliques toute éducation et toute culture supérieures.

Une religion qui, de toutes les heures de la vie humaine, considère la dernière comme la plus importante, qui prédit une fin de l'existence terrestre en général et condamne tous les êtres vivants à vivre au cinquième acte de la tragédie, une telle religion émeut certainement les forces les plus nobles et les plus profondes, mais elle est pleine d'inimitié contre tout essai de plantation nouvelle, contre toute tentative audacieuse, contre toute libre aspiration, elle répugne à tout vol dans l'inconnu, parce qu'elle n'y trouve pas à aimer et à espérer. Ce qui est dans son devenir, elle ne le laisse s'imposer qu'à contrecœur, pour l'écarter et sacrifier au bon moment, comme une incitation à vivre, un mensonge sur la valeur de la vie. Ce que firent les Florentins lorsque, sous l'influence des exhortations à la pénitence que leur prêchait Savonarole, ils préparèrent ces fameux holocaustes de tableaux, de manuscrits, de bijoux et de costumes, le christianisme voudrait le faire de toute civilisation qui invite à aller de l'avant et qui a pris pour devise ce « *memento vivere* ». Et s'il n'est point possible de le faire sur le droit chemin, sans détour, c'est-à-dire par la supériorité des forces, il parvient quand même à son but, quand il s'allie à la culture historique, le plus souvent même à l'insu de celle-ci ; et, dès lors, parlant son langage, il s'oppose, en haussant les épaules, à tout ce qui est *dans son devenir*, et lui prête le caractère de ce qui est tardif et décadent, pour lui donner un aspect de caducité.

La méditation âpre et profondément sérieuse sur la non-valeur de tout ce qui est arrivé, sur l'urgence qu'il y a à mettre le monde en jugement, a fait place à la conviction sceptique qu'il est, en tout cas, bon de connaître le passé, puisqu'il est trop tard pour faire quelque chose de meilleur. Ainsi le sens historique rend ses serviteurs passifs et respectueux. C'est seulement quand, par suite d'un oubli momentané, ce sens est suspendu, que l'homme malade de la fièvre historique devient actif. Mais, dès que l'action est passée, il se met à la disséquer, pour l'empêcher, par l'examen analytique auquel il la soumet, de prolonger son influence. Ainsi dépouillée, son action est alors du domaine de l' « histoire ». Sur ce domaine, nous vivons encore en plein dans le Moyen Âge. L'histoire est toujours une théologie masquée. De même la vénération dont l'illettré fait preuve vis-à-vis de la caste savante est encore un héritage de la vénération qui entourait le clergé. Ce que l'on donnait autrefois à l'Église on le donne aujourd'hui, bien qu'avec plus de parcimonie, à la Science. Mais, si l'on a vraiment donné quelque chose, c'est à l'Église qu'on le doit et non pas à l'esprit moderne, qui, abstraction faite d'autres bonnes habitudes, est assez avaricieux, on ne l'ignore pas, la noble vertu de la générosité étant encore chez lui à l'état rudimentaire.

Il se peut que cette observation ne plaise pas et qu'on la juge aussi défavorablement que la déduction que j'ai tirée du rapprochement entre les excès des études historiques et le moyenâgeux « *memento mori* », d'où découle le manque d'espoir que le christianisme porte au fond de lui-même à l'égard des temps futurs de l'existence terrestre. Qu'on remplace donc ces explications que je n'ai présentées qu'avec hésitation par d'autres meilleures. Car l'origine de la culture historique et de son opposition foncière et radicale contre l'esprit d'un « temps nouveau », d'une « conscience moderne » — cette origine elle-même doit être étudiée au point de vue historique. L'histoire *doit* résoudre le problème même de l'histoire ; la science doit tourner son aiguillon contre elle-même, — cette triple obligation est l'impératif de l'esprit du « temps nouveau », pour le cas où il y aurait vraiment quelque chose de nouveau, de puissant, d'original et de vivifiant dans ce « temps nouveau ». Ou bien serait-il vrai que nous autres Allemands — pour ne point parler du tout des peuples latins, — dans toutes les causes supérieures de la civilisation, ne devons jamais être que des « descendants », pour la simple raison que nous ne *pourrions* pas être autre chose ?

Wilhelm Wackernagel a une fois exprimé cette idée dans une phrase qu'il faut méditer : « Quoi que l'on fasse, nous autres Allemands nous sommes un peuple de *descendants;* avec toute notre science supérieure, même avec notre foi, nous ne sommes toujours que les successeurs du monde antique. Ceux-là même qui s'y refusent, pleins d'hostilité, respirent sans cesse, en même temps que l'esprit du christianisme, l'esprit immortel de la vieille culture classique, et si l'on parvenait à dégager ces deux éléments de l'atmosphère qui entoure l'homme intérieur, il ne resterait guère de quoi remplir une vie humaine. »

Mais quand même nous nous accommoderions volontiers du sort d'être les héritiers de l'antiquité, quand même nous déciderions de prendre cette tâche vraiment au sérieux, pour y voir notre seul privilège distinctif, nous serions néanmoins astreints à nous demander si ce sera éternellement notre destinée d'être les *élèves de l'antiquité finissante.* Quel que soit le moment, nous devrions une fois avoir le droit de placer graduellement notre but plus loin et plus haut; en quelque temps que ce soit, nous devrions pouvoir nous accorder le mérite d'avoir recréé, en nous-mêmes, l'esprit de la culture romaine-alexandrine — aussi dans notre histoire universelle — d'une façon si féconde et si grandiose que notre plus noble récompense serait de nous imposer la tâche plus gigantesque encore d'aspirer au-delà de ce monde alexandrin et de chercher nos modèles, d'un regard courageux, dans le monde primitif, sublime, naturel et humain, de la Grèce antique. Nous y trouverons également *la réalité d'une culture essentiellement anti-historique, d'une culture, malgré cela, ou plutôt à cause de cela, indiciblement riche et féconde.* Lors même que nous autres, Allemands, nous ne serions pas autre chose que des héritiers, en regardant une pareille culture comme un héritage que nous devons nous approprier, nous ne saurions imaginer quelque chose de plus grand, quelque chose dont nous serions plus fiers que précisément de recueillir cet héritage.

Je veux dire par là, et je ne veux pas dire autre chose, que l'idée souvent pénible d'être des épigones, si on l'imagine en grand, peut avoir de grands effets et donner, pour l'avenir, des garanties pleines d'espoir, aussi bien à l'individu qu'au peuple, et cela pour autant que nous nous considérons comme les héritiers et les descendants de puissances classiques et prodigieuses, voyant là pour nous un honneur et un aiguillon. Nous ne voulons donc pas être les rejetons tardifs, étiolés et dégénérés, de générations vigoureuses qui, en leur qualité d'antiquaires et de fossoyeurs de ces générations, prolongent leur vie précaire. Certes de pareils êtres tard-venus vivent d'une existence ironique : l'anéantissement suit de près leur carrière boiteuse ; ils frémissent, lorsqu'ils veulent se réjouir du passé, car ils sont des mémoires vivantes, et pourtant leur pensée sans héritiers est dépourvue de sens. Dès lors un obscur pressentiment les enveloppe, ils devinent que leur vie est une injustice, vu qu'aucun avenir ne pourra la justifier./

Imaginons cependant ces tardifs antiquaires, échangeant soudain leur outrecuidance contre cette résignation ironiquement douloureuse ; imaginons-les proclamant d'une voix retentissante que la race a atteint son apogée, car maintenant seulement la science la domine, maintenant seulement elle s'est révélée à elle-même. Alors nous nous trouverions en face d'un spectacle qui dévoilerait, comme dans un symbole, la signification énigmatique que possède pour la culture allemande une certaine philosophie très illustre. S'il y a eu des tournants dangereux dans la civilisation allemande de ce siècle, je crois qu'il n'y en a pas eu de plus dangereux que celui qui fut provoqué par une influence qui subsiste encore, celle de cette philosophie, la philosophie hégélienne. La croyance que l'on est un être tard-venu dans l'époque est véritablement paralysante et propre à provoquer la mauvaise humeur, mais quand une pareille croyance, par un audacieux renversement, se met à diviniser cet être tard-venu, comme s'il était véritablement le sens et le but de tout ce qui s'est passé jusqu'ici, comme si sa misère savante équivalait à une réalisation de l'histoire universelle, alors cette croyance apparaîtrait terrible et destructive.

De pareilles considérations ont habitué les Allemands à parler d'un « processus universel », et à justifier leur propre époque, en y voyant le résultat nécessaire de ce processus universel. De pareilles considérations ont détrôné les autres puissances intellectuelles, l'art et la religion, pour mettre à leur place l'histoire, en tant qu'elle est le « concept qui se réalise lui-même », en tant qu'elle est « la dialectique de l'esprit des peuples » et le « jugement de l'humanité ».

On a appelé par dérision cette interprétation hégélienne de l'histoire la marche de Dieu sur la terre, lequel Dieu n'a du reste été créé lui-même que par l'histoire. Ce dieu des historiens n'est arrivé à une claire compréhension de lui-même que dans les limites que lui tracent les cerveaux hégéliens ; il s'est déjà élevé par tous les degrés de son être possible, au point de vue dialectique, jusqu'à cette auto-révélation : en sorte que, pour Hegel, le point culminant et le point final du processus universel coïncideraient avec sa propre existence berlinoise. Hegel aurait même dû affirmer que toutes les choses qui viendraient après lui ne devraient être considérées exactement que comme une résonance musicale du rondeau universel, plus exactement encore comme quelque chose de superflu. Il n'a pas affirmé cela. Par contre, il a implanté dans les générations pénétrées de sa doctrine cette admiration pour la « puissance de l'histoire » qui, pratiquement, se transforme, à tout instant, en une admiration toute nue du succès et qui conduit à l'idolâtrie des faits. Pour ce culte idolâtre, on a adopté maintenant cette expression très mythologique et de plus très allemande : « Tenir compte des faits. » Or, celui qui a appris à courber l'échine et à incliner la tête devant la « puissance de l'histoire », celui-là aura un geste approbateur et mécanique, un geste à la chinoise, devant toute espèce de puissance, que ce soit un gouvernement, ou l'opinion publique, ou encore le plus grand nombre. Il agitera ses membres d'après la mesure qu'adoptera une « puissance » pour tirer ses ficelles. Si chaque succès porte en lui une nécessité raisonnable, si tout événement est la victoire de la logique ou de l' « idée » — eh bien ! qu'on se mette vite à genoux et que l'on parcoure ainsi tous les degrés du « succès » ! Comment, il n'y aurait plus de mythologies souveraines ? Comment, les religions seraient en train de s'éteindre ? Voyez donc la religion de la puissance historique, prenez garde aux prêtres de la mythologie des idées et à leurs genoux meurtris ! Toutes les vertus ne forment-elles pas, elles aussi, un cortège à cette nouvelle foi ? Ou bien n'est-ce pas du désintéressement quand l'homme historique se laisse transformer en miroir historique ? N'est-ce pas de la générosité que de renoncer à toute puissance au ciel et sur la terre, en adorant dans toute puissance la puissance en soi ? N'est-ce pas de la justice que de tenir toujours dans la main la balance des forces, en observant de quel côté elle penche ? Et quelle école de bienséance est une pareille manière d'envisager l'histoire ! Envisager tout au point de vue objectif, ne se fâcher de rien, ne rien aimer, tout comprendre, comme cela rend doux et souple ! Et lors même que quelqu'un qui aurait été élevé à cette école s'irriterait une fois publiquement, ou se mettrait en colère, on ne ferait que s'en réjouir, car l'on sait qu'il ne s'agit que du point de vue artistique et que si c'est avec *ira* et *studium*, c'est pourtant complètement *sine ira et studio.*

Que d'idées vieillies j'ai sur le cœur, en face d'un pareil complexus de mythologie et de vertu ! Mais il faut une fois que je les sorte, on aura beau rire. Je dirais donc que l'histoire enseigne toujours : « Il était une fois », la morale par contre : « Vous ne devez pas », ou bien « Vous n'auriez pas dû ». De la sorte, l'histoire devient un compendium de l'immoralité effective. Combien celui-là se tromperait qui considérerait en même temps l'histoire comme justicière de cette immoralité effective ? La morale est par exemple offensée de voir qu'un Raphaël a dû mourir à trente-six ans. Un pareil être ne devrait pas mourir... Or, si vous voulez venir en aide à l'histoire en apologiste des faits, vous direz que Raphaël a exprimé tout ce qu'il avait en lui ; s'il avait vécu plus longtemps il n'aurait jamais pu créer que la beauté, mais une beauté semblable et non point une beauté nouvelle, etc. Vous êtes ainsi les avocats du diable. Vous l'êtes en faisant votre idole du succès, du « fait », alors que le fait est toujours stupide, ayant de tous temps ressemblé plus à un veau qu'à un dieu. Apologistes de l'histoire, l'ignorance vous inspire, car c'est seulement parce que vous ne savez pas ce que c'est qu'une *natura naturans* comme Raphaël que vous ne vous échauffez pas la tête à apprendre qu'elle a été dans le passé et qu'elle ne sera plus jamais dans l'avenir. Au sujet de Goethe, quelqu'un a voulu nous enseigner récemment qu'avec ses quatre-vingt-deux ans celui-ci avait épuisé ses forces vitales. Et pourtant j'échangerais volontiers quelques années de ce Goethe « épuisé » contre des voiturées entières d'existences jeunes et ultra-modernes, pour avoir encore ma part à des conversations semblables à celles que Goethe eut avec Eckermann, et pour que me soient épargnés les enseignements, conformes à l'époque, donnés par les légionnaires du moment. Combien peu de vivants, en face de pareils morts, ont en général le droit de vivre ! Le fait que ce grand nombre est en vie, alors que le petit nombre des hommes rares est mort, n'est autre chose qu'une vérité brutale, c'est-à-dire une bêtise irréparable, une lourde affirmation de « ce qui est » en face de la morale qui dit que « cela ne devrait pas être ainsi ». Certes, en face de la morale ! Car, quelle que soit la vertu dont on veuille parler, la justice, la générosité, la bravoure, la sagesse et la compassion — partout l'homme est vertueux lorsqu'il se révolte contre la puissance aveugle des faits, contre la tyrannie de la réalité et qu'il se soumet à des lois qui ne sont pas les lois de ces fluctuations de l'histoire. Il nage toujours contre le flot historique, soit qu'il combatte ses passions comme la plus proche réalité stupide de son existence, soit qu'il s'engage à la probité, alors que tout autour de lui le mensonge resserre ses mailles étincelantes. Si l'histoire n'était pas autre qu'un « système universel de passions et d'erreurs », l'homme devrait y lire de la même façon dont Goethe conseillait de lire son *Werther*, à savoir : comme si l'histoire s'écriait : « Sois un homme et ne me suis pas ! » Heureusement qu'elle conserve aussi la mémoire des grandes luttes *contre l'histoire*, c'est-à-dire contre la puissance aveugle de la réalité et qu'elle se cloue elle-même au pilori, en mettant précisément en relief les véritables natures historiques qui se sont préoccupées de *ce qui est* pour obéir au contraire, avec une fierté joyeuse, à *ce qui doit être*. Ce qui pousse celles-ci à aller sans cesse de l'avant, ce n'est pas de porter en terre leur génération, mais de fonder une génération nouvelle. Et si ces hommes naissent eux-mêmes, tard-venus dans leur époque, il y a une façon de vivre qui fera oublier leur caractère d'hommes tardifs. Les générations à venir ne les connaîtront alors que comme des premiers-nés.

9.

Notre époque est-elle peut-être une pareille époque de premiers-nés ? De fait, la véhémence de son sens historique est si grande et se manifeste d'une façon si universelle et si absolument illimitée, qu'en cela du moins les époques à venir loueront son caractère d'avant-garde — en admettant toutefois qu'il y ait en général des *époques à venir*, entendues au point de vue de la culture. Mais à ce point de vue précisément une lourde incertitude subsiste. A côté de la fierté de l'homme moderne se dresse son *ironie* à l'égard de lui-même, la conscience qu'il lui faut vivre dans un état d'esprit rétrospectif, inspiré par le soleil couchant, la crainte de ne rien pouvoir reporter sur l'avenir de ses espérances de jeunesse, de ses forces juvéniles. Çà et là, on va plus loin encore, dans le sens du cynisme, et l'on justifie la marche de l'histoire, même toute l'évolution du monde, pour l'ajuster à l'usage de l'homme moderne, selon le canon cynique : On dira qu'il fallait qu'il en fût ainsi, qu'il fallait que les choses allassent comme elles vont aujourd'hui, que l'homme devînt tel que les hommes sont maintenant. Personne n'a le droit de s'opposer à cette nécessité. Celui-là se réfugie dans le bien-être d'un pareil cynisme qui ne peut s'accommoder de l'ironie. C'est à lui que ces dix dernières années offrent, de plus, une de leurs plus belles inventions, c'est une formule complète et arrondie pour ce cynisme. Il appelle sa façon de vivre — façon conforme à l'époque et sans inconvénients — « le complet abandon de la personnalité au processus universel » ! La personnalité et le processus universel ! Le processus universel et la personnalité de la puce terrestre ! Hélas ! pourquoi faut-il entendre sans cesse l'hyperbole des hyperboles, le mot univers, alors que chacun ne devrait sincèrement parler que de l'homme ! Héritiers des Grecs et des Romains ? Héritiers du christianisme ? Tout cela semble ne pas exister pour ces cyniques. Mais héritiers du processus universel ! Le sens et la solution de toutes les énigmes du devenir, exprimés dans l'homme moderne, le fruit le plus mûr sur l'arbre de la connaissance ! — C'est là ce que j'appelle un sentiment sublime ! Ce signe distinctif permet de reconnaître les premiers-nés de toutes les époques, bien qu'ils soient venus les derniers. Jamais les considérations historiques n'ont poussé si loin leur rôle, pas même en rêve, car maintenant l'histoire de l'homme n'est plus autre chose que la continuation de l'histoire des animaux et des plantes. Même dans les plus obscures profondeurs de la mer, l'universaliste de l'histoire trouve encore, sous forme d'organismes vivants, les traces de lui-même. En s'extasiant, comme s'il s'agissait d'un miracle, devant l'énorme chemin déjà parcouru par l'homme, le regard chavire lorsqu'il contemple ce miracle encore plus surprenant · l'homme moderne lui-même, capable d'embrasser ce chemin d'un seul coup d'œil. L'homme moderne se dresse fièrement sur la pyramide du processus universel. En plaçant au sommet la clef de voûte de sa connaissance, il semble apostropher la nature qui, autour de lui, est aux écoutes et lui dire : « Nous sommes au but, nous sommes le but, nous sommes l'accomplissement de la nature. »

Européen, trop orgueilleux, du XIXe siècle, tu es en démence ! Ton savoir n'est pas l'accomplissement de la nature, il ne fait que tuer ta propre nature. Mesure donc ce que tu sais à l'étiage de ce que tu peux. Il est vrai que tu montes au ciel sur les rayons de soleil de la science, mais tu descends aussi dans le chaos. La façon dont tu marches, la façon dont ton savoir te fait gravir les échelons devient pour toi une fatalité. Le sol cède sous tes pas pour te ramener à l'incertitude. Ta vie n'a plus d'appui, il ne te reste que le mince tissu d'une toile d'araignée et chaque nouvel effort de ta connaissance le déchire. — Mais ne disons plus à ce sujet une seule parole sérieuse, car il vaut mieux plaisanter.

L'éparpillement frénétique et étourdi de tous les principes, la décomposition de ceux-ci en un flux et un reflux perpétuels, l'infatigable *effilochage* et l'*historisation,* par l'homme moderne, de tout ce qui a été, la grande araignée au centre de la toile universelle — cela peut occuper et préoccuper le moraliste, l'artiste, l'homme pieux et peut-être aussi l'homme d'État. Nous autres, nous voulons nous contenter de nous en amuser aujourd'hui, en voyant tout cela se refléter dans le splendide miroir magique du *parodiste philosophe*. Chez celui-ci le temps est arrivé à la conscience ironique de lui-même, avec une précision qui va « jusqu'à la scélératesse » (pour employer une expression de Goethe). Hegel a une fois affirmé que « quand l'Esprit fait un soubresaut, nous autres philosophes, nous y sommes intéressés ». Notre époque a fait un soubresaut vers l'ironie de soi-même, et voici, déjà M. Eduard von Hartmann était là pour écrire sa célèbre philosophie de l'inconscient, ou pour parler plus exactement : sa philosophie de l'ironie inconsciente. Rarement nous avons lu une invention plus joyeuse et une friponnerie plus philosophique que celle de Hartmann. Celui que Hartmann n'éclaire pas sur le *devenir,* celui qu'il ne met pas de bonne humeur est vraiment mûr pour n'être plus. Le commencement et le but du processus universel, depuis les premiers balbutiements de la conscience jusqu'au retour dans le néant, y compris la tâche exactement définie de notre génération dans ce processus universel, tout cela représenté comme coulant de la source d'inspiration de l'inconscient, inventée avec tant d'esprit, et rayonnant dans une lumière apocalyptique, tout cela imité à s'y méprendre et avec un sérieux de brave homme, comme si c'était vraiment une philosophie pour de bon et non pas une philosophie pour rire : voilà un ensemble qui prouve que son créateur est un des premiers parodistes philosophiques de tous les temps. Sacrifions donc sur son autel, sacrifions-lui donc, à lui l'inventeur de la véritable médecine universelle, une boucle de cheveux, pour emprunter à Schleiermacher une de ses expressions admiratives. Car, quelle médecine serait plus salutaire contre l'excès de culture historique que les parodies de toute histoire universelle écrites par Hartmann ?

Si l'on voulait dire sèchement ce que Hartmann proclame du haut du trépied enfumé de l'ironie inconsciente, il faudrait affirmer que, selon lui, notre temps doit être tel qu'il est, pour que l'humanité en ait une fois sérieusement assez de cette existence. Nous le croirions volontiers. Cette effrayante ossification de notre époque, ce fiévreux clapotement de tous les os — tels que David Strauss nous les a décrits naïvement comme la plus belle réalité — Hartmann ne les justifie pas seulement après coup, *ex causis efficientibus*, mais encore d'avance, *ex causa finali*. Depuis le jour du jugement dernier, l'espiègle fait rayonner sa lumière en arrière sur notre temps et il se trouve alors que notre temps est parfait, parfait pour celui qui veut souffrir autant que possible des cruautés de la vie, pour celui qui ne saurait désirer assez vite la venue de ce jour du jugement. Il est ce que Hartmann appelle l'âge dont l'humanité s'approche maintenant, son « âge d'homme ». Mais, si nous en croyons sa propre description, c'est là l'état bienheureux, où il n'y aura plus que des « bonnes médiocrités », où l'art sera « ce qu'est, pour le boursier berlinois, la grosse farce de théâtre », où « les génies ne seront plus un besoin de l'époque, parce que ce serait là jeter les perles devant les pourceaux, ou encore parce que l'époque aura passé de la phase à laquelle convenaient les génies à une phase plus importante », à cette phase de l'évolution sociale où chaque travailleur, « avec un labeur qui lui laisse assez de loisir pour son développement intellectuel, mènera une existence confortable ».

Espiègle de tous les espiègles, tu exprimes le désir de l'humanité actuelle! Mais tu sais également quel spectre se trouvera à la fin de cet âge viril de l'humanité, comme résultat de ce développement intellectuel vers une bonne médiocrité : le dégoût. Visiblement, tout va au plus mal, mais, dans l'avenir, tout ira plus mal encore, « visiblement l'Antéchrist étend de plus en plus son influence » — mais il *faut* qu'il en soit ainsi, il *faut* que tout cela arrive, car, avec tout cela, nous nous trouvons sur le meilleur chemin vers le dégoût de toute existence. « Donc, allons de l'avant dans le processus universel, en bons travailleurs dans le vignoble du Seigneur, car c'est ce processus seul qui peut mener au salut ! »

Le vignoble du Seigneur ! Le processus ! Mener au salut ! Qui donc n'entend pas là la voix de la culture historique, laquelle ne connaît que le mot « devenir », de la culture historique travestie avec intention en une monstrueuse parodie, pour dire, derrière son masque grotesque, les choses les plus folâtres à son propre sujet ? Car que demande en somme ce dernier appel espiègle aux travailleurs dans le vignoble ? Dans quelle tâche doivent-ils bravement aller de l'avant ? Ou, pour poser autrement la question : celui qui possède la culture historique, le moderne fanatique du processus qui nage et se noie dans le fleuve du devenir, que lui reste-t-il à faire, pour cueillir un jour la moisson de ce dégoût, l'exquis raisin de ce vignoble ? — Rien, sinon de continuer à vivre ainsi qu'il a vécu, de continuer à aimer ainsi qu'il a aimé, de continuer à haïr ainsi qu'il a haï, de continuer à lire le journal qu'il a lu jusqu'à présent. Pour lui, il n'existe qu'un seul péché — vivre autrement qu'il a vécu. Cependant comment il a vécu, une célèbre page imprimée en gros caractères nous l'enseigne, une page écrite en style lapidaire et qui a jeté tous les champions de la culture actuelle dans un ravissement aveugle, dans un fol accès d'enthousiasme, parce qu'ils croyaient lire dans ces phrases leur propre justification, éclairée par une lumière apocalyptique. Car, de chaque individu, l'inconscient parodiste réclame : « l'abandon complet de la personnalité en faveur du processus universel, pour atteindre le but de celui-ci qui est le salut universel ». Ou, avec plus de clarté encore : « L'affirmation de la volonté de vivre est proclamée provisoirement comme la seule chose raisonnable : car c'est seulement par le complet abandon à la vie et à ses douleurs, et non par la lâche renonciation individuelle et par la retraite qu'il y a quelque chose à faire pour le processus universel... » « L'aspiration à la négation personnelle de la volonté est aussi insensée et inutile ou même plus insensée que le suicide... » « Le lecteur qui réfléchit comprendra, sans autres explications, comment s'organiserait une philosophie pratique, érigée sur ces principes, et aussi que cette philosophie ne saurait contenir aucun germe de division, mais qu'elle aboutit à une complète réconciliation avec la vie. »

Le lecteur qui réfléchit comprendra... et pourtant l'on pourrait mal interpréter Hartmann ! Et, comme il est infiniment réjouissant de voir qu'il a été mal compris ! Les Allemands actuels seraient-ils particulièrement subtils ? Un brave Anglais trouve qu'ils manquent de *delicacy of perception* ; il ose même dire *in the german mind there does seem to be something splay, something blunt-edged, unhandy and infelicitous.* — Le grand parodiste allemand serait-il tenté de protester ? Il est vrai que, d'après ses explications, nous approchons de « cet état idéal où l'espèce humaine fera son histoire avec conscience ». Mais il appert que nous sommes encore assez loin de cet état, peut-être plus idéal encore où l'humanité lira le livre de Hartmann avec conscience. Si nous en arrivons là, personne ne laissera plus passer sur ses lèvres le mot « processus universel », sans que ses lèvres se mettent à sourire. Car on se souviendra alors du temps où l'on écoutait l'évangile parodiste de Hartmann avec toute la probité de ce *german mind,* même avec « le sérieux contorsionné des hiboux », pour parler avec Goethe, du temps où non seulement on l'écoutait, où encore on l'absorbait, le combattait, le vénérait, l'étalait et le canonisait. 7

Il faut cependant que le monde aille de l'avant, son état idéal ne viendra pas en rêve, il faut le conquérir par la lutte, et c'est la joie qui mène au salut, à la délivrance de cet incompréhensible sérieux de hiboux. Il viendra un temps où l'on s'abstiendra sagement de tous les édifices du processus universel et aussi de vouloir faire l'histoire de l'humanité, un temps où l'on ne considérera plus les masses, mais où l'on reviendra aux individus, aux individus qui forment une sorte de pont sur le sombre fleuve du devenir. Ce n'est pas que ceux-ci continuent le processus historique, ils vivent au contraire en dehors des temps, contemporains en quelque sorte, grâce à l'histoire qui permet un tel concours, ils vivent comme cette « république des génies » dont parle une fois Schopenhauer ; un géant en appelle un autre, à travers les intervalles déserts des temps, sans qu'ils se laissent troubler par le vacarme des pygmées qui grouillent à leurs pieds, ils continuent leurs hautains colloques d'esprits. C'est à l'histoire qu'appartient la tâche de s'entremettre entre eux, de pousser toujours à nouveau à la création des grands hommes, de donner des forces pour cette création. Non, le *but de l'humanité* ne peut pas être au bout de ses destinées, il ne peut s'atteindre que *dans ses types les plus élevés.*

Il est vrai qu'à cela notre joyeux personnage répond, avec cette dialectique admirable qui est aussi vraie que ses admirateurs sont admirables : « Tout aussi peu qu'il y aurait harmonie avec l'idée de l'évolution si l'on attribuait au processus universel une durée infinie dans le passé, parce que alors toute évolution imaginable aurait déjà été parcourue — ce qui n'est pas le cas (ah le coquin !) — tout aussi peu nous pouvons concéder au processus une durée infinie dans l'avenir ; dans les deux cas l'idée de l'évolution vers un but serait supprimée (ah, encore une fois, le coquin !) et le processus universel ressemblerait au travail des Danaïdes. Mais la victoire complète de la logique sur l'illogisme (ah coquin des coquins !) doit correspondre à la fin terrestre du processus universel, au jour du jugement. »

Non, esprit clair et moqueur, tant que l'illogisme règne encore comme aujourd'hui, tant qu'il pourra par exemple être parlé encore, comme tu fais, de « processus universel », avec l'assentiment général, le jour du jugement sera encore loin. Car on se réjouit encore trop sur cette terre, plus d'une illusion fleurit encore, par exemple l'illusion que se font tes contemporains à ton sujet ; nous sommes loin d'être assez mûrs pour retomber dans ton néant, car nous croyons que ce sera encore plus gai ici-bas quand une fois on aura commencé à te comprendre, toi l'Inconscient incompris. Si pourtant le dégoût devait venir impétueusement, tel que tu l'as prophétisé à tes lecteurs, si tu devais garder raison avec tes descriptions du présent et de l'avenir — et personne ne les a méprisés tous deux, ne les a méprisés autant que toi, jusqu'au dégoût, — je serais tout prêt à voter avec la majorité, d'après la formule préconisée, une motion proposant que samedi soir, à minuit exactement, ton univers devra disparaître. Et que notre décret se termine par cette conclusion : à partir de demain, le temps n'existera plus et tous les journaux cesseront de paraître. Mais il se peut fort bien que notre démarche soit sans effet et que nous ayons décrété en vain. Eh bien alors, nous ne manquerons du moins pas de temps pour faire une plus belle expérience. Nous prendrons une balance et nous mettrons sur l'un des plateaux l'inconscient de Hartmann, sur l'autre le processus universel de Hartmann. Il y a des gens qui prétendent que, des deux côtés, nous aurions le même poids, car dans les deux plateaux, il resterait un mot, tous deux également mauvais, et une plaisanterie, toutes deux également bonnes. Quand une fois la plaisanterie de Hartmann aura été comprise, personne ne se servira plus du mot de Hartmann sur le « processus universel », autrement que pour... plaisanter. De fait, il est grandement temps d'entrer en campagne, avec le ban et l'arrière-ban des méchancetés satiriques, contre les débauches du sens historique, contre le goût excessif pour le processus, au détriment de l'être et de la vie, contre le déplacement insensé de toutes les perspectives. Et, il faut le dire à la louange de l'auteur de la *Philosophie de l'inconscient,* il a réussi à sentir violemment ce qu'il y a de ridicule dans la conception du « processus universel » et à le faire sentir plus violemment encore par le sérieux particulier de son exposition. A quoi sert le « monde », à quoi sert l' « humanité » ? Cela ne doit provisoirement pas nous préoccuper, à moins que nous ne voulions nous amuser d'une petite plaisanterie ; car la présomption des petits reptiles humains est ce qu'il y a de plus drôle et de plus joyeux sur le théâtre de la vie. Mais à quoi tu sers, toi, l'individu ! demande-le-toi, et si personne d'autre ne peut te le dire, essaye donc de justifier le sens de ton existence, en quelque sorte *a posteriori,* en t'imposant à toi-même un but, un « service » supérieur et noble. Que ce service te fasse périr ! Je ne connais pas de meilleur but dans la vie que de se briser contre le sublime et l'impossible, *animae magnae prodigus.* Si, par contre, les idées du devenir souverain, de la fluidité de toutes les conceptions, de tous les types et de toutes les espèces, de l'absence de toute diversité entre l'homme et la bête — doctrines que je tiens pour vraies, mais pour mortelles, — avec la folie de l'enseignement qui règne aujourd'hui, sont jetées au peuple pendant une génération encore, personne ne devra s'étonner, si le peuple périt d'égoïsme et de mesquinerie, ossifié dans l'unique préoccupation de lui-même. Il commencera par s'effriter et par cesser d'être un peuple. A sa place, nous verrons peut-être apparaître, sur la scène de l'avenir, un enchevêtrement d'égoïsmes individuels, de fraternisations en vue de l'exploitation rapace de ceux qui ne sont pas des « frères », et d'autres créations semblables de l'utilitarisme commun.

Pour préparer ces créations, il suffira de continuer à écrire l'histoire au point de vue des masses et de chercher, dans l'histoire, ces lois que l'on peut déduire des besoins de ces masses, c'est-à-dire les mobiles des couches les plus basses du limon social. Pour ma part, les masses ne me semblent mériter d'attention qu'à trois points de vue. Elles sont d'une part des copies diffuses des grands hommes, exécutées sur du mauvais papier et avec des plaques usées ; elles sont ensuite la résistance que rencontrent les grands et enfin les instruments dans la main des grands. Pour le reste, que le diable et la statistique les emportent ! Comment la statistique démontrerait-elle qu'il y a des lois dans l'histoire ? Des lois ? Certes, elle montre combien la masse est vulgaire et uniforme jusqu'à la répugnance. Faut-il appeler lois les effets des forces de gravité que sont la bêtise, la singerie, l'amour et la faim ? Fort bien ! Convenons-en ! Mais alors une chose est certaine, c'est que, pour autant qu'il y a des lois dans l'histoire, ces lois ne valent rien et l'histoire ne vaut pas davantage.

Mais c'est précisément cette façon d'écrire l'histoire qui jouit maintenant d'un renom universel, la façon qui considère les grandes impulsions de la masse comme ce qu'il y a de plus important et de plus essentiel dans l'histoire et qui tient tous les grands hommes simplement pour l'expression la plus parfaite de la masse, la petite bulle d'air qui devint visible dans l'écume des flots. C'est la masse qui devrait engendrer de son propre sein ce qui est grand, l'ordre devrait naître du chaos ? On finit alors généralement par entonner l'hymne à la louange de la masse qui engendre. Et l'on appelle « grand » tout ce qui, pendant un certain temps, a remué la masse, tout ce qui a été, comme on dit, « une puissance historique ». Mais n'est-ce pas là confondre volontairement la quantité avec la qualité ? Quand une masse grossière a trouvé qu'une idée quelconque, par exemple une idée religieuse, était bien adéquate à elle-même, quand elle l'a défendue âprement et l'a traînée après elle pendant des siècles, alors, et alors seulement, l'inventeur et le créateur de cette idée sera considéré comme grand. Pourquoi donc ? Ce qu'il y a de plus noble et de plus sublime n'agit pas du tout sur les masses. Le succès historique du christianisme, sa puissance, son endurance, sa durée historique, tout cela ne démontre heureusement rien, pour ce qui en est de la grandeur de son fondateur et serait, en somme, plutôt fait pour être invoqué contre lui. Entre lui et ce succès historique, se trouve une couche obscure et très terrestre de puissance, d'erreur, de soif de passions et d'honneurs, se trouvent les forces de l'empire romain qui continuent leur action, une couche qui a procuré au christianisme son goût de la terre, son reste terrestre. Ces forces qui rendirent possible la continuité du christianisme sur cette terre et lui donnèrent en quelque sorte sa stabilité. La grandeur ne doit pas dépendre du succès et Démosthène a de la grandeur bien qu'il n'eût point de succès.

Les adhérents les plus purs et les plus véridiques du christianisme ont toujours mis en doute son succès temporel, ce que l'on a appelé sa « puissance historique » ; ils ont plutôt entravé ce succès qu'ils ne l'ont accéléré. Car ils avaient coutume de se placer en dehors du « monde », ne s'occupant point du « processus des idées chrétiennes », c'est pourquoi, la plupart du temps, ils sont demeurés, dans l'histoire, parfaitement inconnus. Pour m'exprimer au point de vue chrétien, je dirai que le diable gouverne le monde et qu'il est le maître du succès et du progrès. Dans toutes les puissances historiques, il est la véritable puissance, et, en somme, il en sera toujours ainsi, bien qu'il soit désagréable de se l'entendre dire, pour une époque habituée à diviniser le succès et la puissance historique. Car notre époque s'est précisément exercée à appeler les choses d'un nouveau nom et à débaptiser le diable lui-même. Nous nous trouvons certainement à l'heure d'un grand danger : les hommes semblent prêts à découvrir que l'égoïsme des individus, des groupes et des masses a été de tous temps, le levier des mouvements historiques. Mais, en même temps, on n'est nullement inquiété par cette découverte et l'on décrète que l'égoïsme doit être notre dieu. Avec cette foi nouvelle, on s'apprête, sans dissimuler ses intentions, à édifier l'histoire future sur l'égoïsme, on exige seulement que ce soit un égoïsme sage, un égoïsme qui s'impose quelques restrictions pour jeter des bases solides, un égoïsme qui étudie l'histoire précisément pour apprendre à connaître l'égoïsme peu sage. Cette étude a permis d'apprendre qu'à l'État incombe une mission toute particulière dans ce système universel de l'égoïsme qui est à fonder. L'État doit devenir le patron de tous les égoïsmes sages, pour protéger ceux-ci, par sa puissance militaire et policière, contre les excès de l'égoïsme peu sage. C'est pour réaliser le même but que l'histoire — sous forme d'histoire des hommes et d'histoire des animaux — est introduite soigneusement dans les couches populaires et dans les masses ouvrières, lesquelles sont dangereuses parce que sans raison, car l'on sait qu'un petit grain de culture historique est capable de briser les instincts et les appétits obscurs, ou de les amener dans la voie de l'égoïsme affiné.

En résumé, pour parler avec Eduard von Hartmann, l'homme a maintenant « égard à une installation pratique et habitable de la patrie terrestre qui envisage l'avenir avec circonspection ». Le même écrivain dénomme une semblable période « l'âge viril de l'humanité », et ainsi il se moque de ce que l'on appelle aujourd'hui « homme », comme si par là il fallait seulement entendre l'égoïste désabusé. Il prophétise, de même, qu'après un pareil âge d'homme, viendra un âge de vieillesse qui le complétera, mais cette prophétie a visiblement le but d'accabler de ses lazzis nos vieillards actuels, car il parle de la maturité contemplative qu'ils mettent « à passer en revue les souffrances et les sombres orages de leur vie passée et la vanité de ce qu'ils considéraient jusqu'à présent comme le but de leurs efforts ».

Non, à l'âge viril d'un pareil égoïsme astucieux et de culture historique correspond une vieillesse attachée à la vie, avec une avidité répugnante et sans dignité, et, enfin, comme dernier acte qui termine « cette histoire singulièrement accidentée, ainsi qu'une seconde enfance, l'oubli complet, sans yeux, sans dents, sans goût et le reste ».

De quelque côté que viennent les dangers pour notre vie et notre civilisation, que ce soit de ces vieillards sauvages, privés de dents et de goût, ou de ces êtres qu'Hartmann dénomme des « hommes », en face de tous deux, nous voulons tenir à pleines dents aux droits de notre jeunesse, et ne pas nous lasser de défendre l'avenir, dans notre jeunesse, contre ces iconoclastes qui veulent briser les images de l'avenir. Mais cette lutte nous fait faire une constatation particulièrement grave : *On active, on encourage et l'on utilise avec intention les débauches du sens historique dont souffre le présent.*

Et, ce qui est plus grave, on l'utilise contre la jeunesse, pour dresser celle-ci à cette maturité de l'égoïsme vers quoi l'on tend partout, on l'utilise pour briser la répugnance naturelle de la jeunesse par une explication lumineuse, c'est-à-dire scientifico-magique de cet égoïsme, à la fois viril et peu viril. On sait de quoi est capable l'histoire, quand on lui donne une certaine prépondérance, on ne le sait que trop ! Elle extirpe les instincts les plus violents de la jeunesse, la fougue, l'esprit d'indépendance, l'oubli de soi, la passion ; elle tempère l'ardeur de son sentiment de justice ; elle étouffe ou elle refoule le désir d'arriver lentement à la maturité par le désir contraire d'être bientôt prêt, d'être bientôt utile, d'être bientôt fécond ; elle corrode, par le poison du doute, la sincérité et l'audace du sentiment. Oui, elle s'entend même à frustrer la jeunesse de son plus beau privilège, à lui enlever sa force d'accepter une grande idée, dans un élan de foi débordante, de faire naître du fond d'elle-même une idée plus grande encore.

L'excès des études historiques est capable de tout cela, nous l'avons vu, car cet excès déplace sans cesse, chez l'homme, les perspectives, transforme l'horizon, supprime l'atmosphère dont il est entouré, ce qui ne permet plus à l'homme d'agir et de sentir au point de vue *non historique*. L'homme abandonne dès lors l'horizon infini, pour se retirer en lui-même, dans le plus petit cercle égoïste, où il se dessèche. Il parviendra peut-être à l'habileté, jamais à la sagesse. Il laisse alors composer avec lui, il compte avec les faits dont il s'accommode, il ne s'emporte plus avec colère, mais il cligne de l'œil et s'entend à chercher son propre avantage ou l'avantage de son parti, dans l'avantage ou le préjudice des autres. Il désapprend la honte superflue et devient ainsi, petit à petit, ce que Hartmann appelle l' « homme », ce que Hartmann appelle le « vieillard ».

Mais *on veut* qu'il devienne ainsi ; c'est là le sens de ce « plein abandon de la personnalité au processus universel » que l'on réclame avec tant de cynisme — on le veut, à cause de son but qui est la délivrance du monde, comme nous l'affirme Eduard von Hartmann, l'espiègle. Or, la volonté et le but de ces « hommes », de ces « vieillards » de Hartmann, peut être difficilement la délivrance du monde, car certainement le monde serait délivré, s'il était délivré de ces hommes et de ces vieillards. Car alors commencerait le règne de la jeunesse.

10.

En cet endroit, songeant à la jeunesse, je m'écrie : Terre ! Terre ! C'en est assez et plus qu'assez des recherches passionnées, des voyages à l'aventure, sur les mers sombres et étrangères ! Enfin la côte apparaît. Quelle que soit cette côte, c'est là qu'il faut atterrir, et le plus mauvais port de fortune vaut mieux que le retour dans l'infini sceptique et sans espoir. Tenons-nous-en toujours à la terre ferme ; plus tard nous trouverons déjà les ports hospitaliers et, à ceux qui viendront, nous faciliterons l'abordage.

Ce voyage a été dangereux et irritant. Combien nous sommes maintenant loin de la tranquille contemplation que nous mettions au début à regarder nos navires voguer vers le large ! Suivant à la piste les dangers de l'Histoire, nous avons été sans cesse exposés à en recevoir les coups. Nous-mêmes, nous portons les traces des souffrances qui ont accablé les hommes des temps modernes, par suite de l'excès des études historiques, et ce traité-ci, avec sa critique immodérée, la verdeur de son humanité, ses sauts fréquents de l'ironie au cynisme, de la fierté au scepticisme, montre bien, je ne voudrais pas le cacher, qu'il porte l'empreinte moderne, le caractère de la personnalité faible. Et pourtant, j'ai confiance en la puissance inspiratrice qui, à défaut d'un génie, conduit ma barque, j'ai confiance en la *jeunesse* et je crois qu'elle m'a bien guidé en me poussant maintenant à écrire une *protestation contre l'éducation historique que les hommes modernes donnent à la jeunesse*. En protestant, j'exige que l'homme apprenne avant tout à vivre et qu'il n'utilise l'histoire qu'*au service de la vie apprise*. Il faut être jeune pour comprendre cette protestation, et, avec la tendance à grisonner trop tôt, qui est le propre de notre jeunesse actuelle, on saurait à peine être assez jeune pour sentir contre quoi ici l'on proteste en somme.

Pour mieux me faire comprendre, je veux me servir d'un exemple. En Allemagne, il y a à peine plus d'un siècle s'éveilla, chez quelques jeunes gens, l'instinct naturel de ce que l'on appelle la poésie. S'imagine-t-on peut-être que la génération qui précéda celle-ci ne parla pas du tout, en son temps, d'un art dont la compréhension lui manquait et qui lui était étranger ? On sait que ce fut tout le contraire. On réfléchissait, discutait et écrivait alors tant que l'on pouvait au sujet « de la poésie », mais ce n'étaient là que des mots, des mots, des mots, gaspillés pour parler de mots. Ce réveil d'un mot à la vie n'entraîna pas, de prime abord, la fin de ces faiseurs de mots ; en un certain sens ils vivent aujourd'hui encore. Car si, comme le dit Gibbon, il ne faut que du temps, mais beaucoup de temps, pour faire périr un mot, il ne faut également que du temps, mais beaucoup plus de temps encore, pour faire périr, en Allemagne, le « pays du peu à peu », une fausse conception. Quoi qu'il en soit, il y a peut-être actuellement cent hommes de plus qu'il y a cent ans qui savent ce que c'est que la poésie ; peut-être que dans cent ans il y en aura encore cent de plus qui, d'ici là, auront appris ce que c'est que la culture et qui sauront que jusqu'à présent les Allemands n'ont pas eu de culture, quoi qu'ils en disent et quelle que soit la fierté dont ils fassent parade. A ceux-là la satisfaction générale que cause aux Allemands leur *Bildung* paraîtra tout aussi incroyable et niaise qu'à nous la « classicité » autrefois reconnue à Gottsched ou l'estime dont jouissait Ramler que l'on qualifiait du titre de « Pindare allemand ». Il jugeront peut-être que cette culture n'a été qu'une façon de science de la culture, et de plus une science très fausse et très superficielle. Fausse et superficielle, parce que l'on supportait la contradiction entre la science et la vie, parce que l'on ne s'apercevait même pas de ce qu'il y avait de caractéristique dans la civilisation des peuples qui possèdent véritablement une culture. La culture ne peut naître, croître et s'épanouir que dans la vie, tandis que, chez les Allemands, on l'épingle comme une fleur de papier, on s'en couvre, comme d'une couche de sucre, ce qui fait qu'elle reste toujours mensongère et inféconde.

Mais l'éducation de la jeunesse en Allemagne part précisément de cette conception fausse et inféconde de la culture. Son but, si on l'imagine pur et élevé, n'est pas du tout l'homme cultivé et libre, mais le savant, l'homme scientifique, plus exactement l'homme scientifique qui se rend utile aussitôt que possible, qui reste en dehors de la vie, pour connaître très exactement la vie ; son résultat, si l'on se place au point de vue vulgaire et empirique, c'est le philistin cultivé, le philistin esthético-historique ; c'est le grand bavard vieux jeune et jeune vieux qui vaticine au sujet de l'État, de l'Église, de l'Art ; c'est un sensorium de mille impressions de seconde main ; c'est un estomac repu qui ne sait pas encore ce que c'est que d'avoir véritablement faim, véritablement soif. Qu'une pareille éducation, avec de semblables buts et de semblables résultats, est contre nature, celui-là seul peut le sentir qui n'est pas encore arrivé à la fin, qui possède encore l'instinct de la nature, mais que cette éducation brisera artificiellement et brutalement. Celui, cependant, qui, à son tour, voudra briser cette éducation, devra être le porte-parole de la jeunesse, éclairer la répugnance inconsciente de celle-ci avec la lumière de ses conceptions et l'amener à une conscience qui parle haut et clair. Mais comment atteindre un but aussi étrange ?

Avant tout en détruisant une superstition, la croyance à la *nécessité* de cette éducation. Ne croirait-on pas qu'il n'y a pas d'autre possibilité que notre fâcheuse réalité d'aujourd'hui ? Que l'on prenne donc la peine d'examiner les ouvrages pédagogiques employés dans l'enseignement supérieur durant les dix dernières années. On s'apercevra, avec étonnement et déplaisir, combien, malgré toutes les variations dans les programmes, malgré la violence des contradictions, les intentions générales de l'éducation sont uniformes, combien l'« homme cultivé », tel qu'on l'entend aujourd'hui, est considéré, sans hésitation, comme le fondement nécessaire et raisonnable de toute éducation future. Voici, à peu près, les termes de ce canon uniforme : le jeune homme commencera son éducation en apprenant ce que c'est que la culture, il n'apprendra pas ce que c'est que la vie, à plus forte raison, il ignorera l'expérience de la vie. Cette science de la culture sera infusée au jeune homme sous forme de science historique, c'est-à-dire que son cerveau sera rempli d'une quantité énorme de notions tirées de la connaissance très indirecte des époques passées et des peuples évanouis et non pas de l'expérience directe de la vie. Le désir du jeune homme d'apprendre quelque chose par lui-même et de faire grandir en lui un système vivant et complet d'expériences personnelles, un tel désir est assourdi et, en quelque sorte, grisé par la vision d'un mirage opulent, comme s'il était possible de résumer en soi, en peu d'années, les connaissances les plus sublimes et les plus merveilleuses de tous les temps et en particulier des plus grandes époques. C'est la même méthode extravagante qui conduit nos jeunes artistes dans les cabinets d'estampes et les galeries de tableaux, au lieu de les entraîner dans les ateliers des maîtres et avant tout dans le seul atelier du seul maître, la nature. Comme si, en promeneur hâtif dans les jardins de l'histoire, on pouvait apprendre des choses du passé, leurs procédés et leurs artifices, leur véritable revenu vital. Comme si la vie elle-même n'était pas un métier qu'il faut apprendre à fond, qu'il faut réapprendre sans cesse, qu'il faut exercer sans ménagement, si l'on ne veut pas qu'elle donne naissance à des mazettes et à des bavards !

Platon tenait pour nécessaire que la première génération de sa nouvelle société (dans l'État parfait) fût élevée à l'aide d'un vigoureux *mensonge pieux* ; les enfants devaient apprendre à croire qu'ils avaient tous déjà vécu en rêve sous terre, pendant un certain temps, et qu'ils y avaient été pétris et formés par le maître de la nature. Impossible de s'insurger contre ce passé, impossible de l'opposer à l'œuvre des dieux. Une loi inviolable de la nature affirme que celui qui est né philosophe a de l'or dans son corps, s'il est né garde ce sera de l'argent, s'il est né ouvrier, du fer et de l'airain. De même qu'il n'est pas possible de mêler ces métaux, explique Platon, de même il serait à jamais impossible de renverser l'ordre des castes. La foi en la *vérité éternelle* de cet ordre est le fondement de la nouvelle éducation et par là du nouvel État. — De même, l'Allemand moderne croit en la *vérité éternelle* de son éducation et de sa façon de culture. Et pourtant cette croyance tombe en ruine, comme l'État platonicien serait tombé en ruine, quand on oppose au pieux mensonge une pieuse vérité, à savoir que l'Allemand n'a pas de culture parce que, en vertu de son éducation, il ne peut pas en avoir. Il veut la fleur sans la racine ni la tige ; c'est donc en vain qu'il la veut. C'est là la vérité pure, une vérité désagréable et brutale, une vraie vérité pieuse.

Mais, dans cette vérité pieuse, notre *première génération doit être élevée*. Elle lui fera certainement endurer de grandes souffrances, car, par cette vérité, cette génération doit s'élever elle-même, s'élever elle-même contre elle-même, vers une nouvelle habitude et une nouvelle nature, en sortant d'une première nature et d'une vieille habitude. En sorte qu'elle pourrait se répéter le proverbe espagnol : *Defienda me Dios de mi :* que Dieu me garde de moi-même, c'est-à-dire de ma nature inculquée. Il faut qu'elle absorbe cette vérité, goutte à goutte, comme une médecine amère et violente. Et chaque individu de cette génération devra se surmonter pour porter sur lui-même un jugement qu'il supporterait plus aisément, s'il touchait d'une façon générale une époque tout entière : nous sommes sans éducation ; plus encore : nous sommes devenus inaptes à vivre, à voir et à entendre d'une façon simple et juste, à saisir avec bonheur ce qu'il y a de plus naturel, et jusqu'à présent nous ne possédons pas même la base d'une culture, parce que nous ne sommes pas persuadés qu'au fond de nous-mêmes nous possédons une vie véritable. Émietté et éparpillé çà et là ; décomposé, en somme, presque mécaniquement, en une partie intérieure et une partie extérieure ; parsemé de concepts comme de dents de dragons, engendrant des dragons-concepts ; souffrant de plus de la maladie des mots ; défiant de toute sensation personnelle qui n'a pas encore reçu l'estampille des mots ; fabrique inanimée, et pourtant étrangement active, de mots et de concepts, tel que je suis j'ai peut-être encore le droit de dire de moi : *je pense, donc je suis*, mais non point : *je vis, donc je pense*. L' « être » vide m'est garanti, non point la « vie » pleine et verdoyante. Ma sensation primitive me démontre seulement que je suis un être pensant, mais non point que je suis un être vivant, que je ne suis pas un *animal*, mais tout au plus un *cogital*. Donnez-moi d'abord de la vie et je saurai vous en faire une culture ! — C'est le cri que poussera chaque individu de cette première génération. Et tous les individus se reconnaîtront les uns les autres à ce cri. Qui donc voudra leur donner cette vie ?

Ce ne sera ni un dieu ni un homme : mais seulement leur propre *jeunesse*. Déchaînez-la et, par elle, vous aurez délivré la vie. Car la vie était seulement cachée et emprisonnée, elle n'est pas encore desséchée et flétrie — demandez-le donc à vous-mêmes !

Mais elle est malade, cette vie déchaînée, et il faut la guérir. Elle est minée par bien des maux et ce n'est pas seulement le souvenir de ses chaînes qui la fait souffrir. Elle souffre, et c'est là surtout ce qui nous regarde ici, elle souffre de la *maladie historique.* L'excès des études historiques a affaibli la force plastique de la vie, en sorte que celle-ci ne sait plus se servir du passé comme d'une nourriture substantielle. Le mal est terrible, et, pourtant, si la jeunesse ne possédait pas le don clairvoyant de la nature, personne ne saurait que c'est un mal et qu'un paradis de santé a été perdu. Mais cette même jeunesse devine aussi, avec l'instinct curatif de la même nature, comment ce paradis peut être reconquis. Elle connaît les baumes et les médicaments contre la maladie historique, contre l'excès des études historiques. Comment s'appellent donc ces baumes et ces médicaments ?

Eh bien ! que l'on ne s'étonne pas s'ils ont des noms de poisons. Les contrepoisons pour ce qui est historique c'est le *non-historique* et le *supra-historique.* Avec ces mots nous revenons aux débuts de notre considération et à son point d'appui.

Par le mot « non-historique », je désigne l'art et la force de pouvoir oublier et de s'enfermer dans un *horizon* limité. J'appelle « supra-historiques » les puissances qui détournent le regard du devenir, vers ce qui donne à l'existence le caractère de l'éternel et de l'identique, vers l'*art* et la *religion.* La *science* — car c'est elle qui parlerait de poisons — la science voit dans cette force, dans ces puissances, des puissances et des forces adverses, car elle considère seulement comme vrai et juste l'examen des choses, c'est-à-dire l'examen scientifique, qui voit partout un devenir, une évolution historique et non point un être, une éternité. Elle vit en contradiction intime avec les puissances éternisantes de l'art et de la religion, autant qu'elle déteste l'oubli, la mort du savoir, cherchant à supprimer les bornes de l'horizon, pour jeter l'homme dans la mer infinie et illimitée, la mer aux vagues lumineuses, du devenir reconnu.

Si du moins il pouvait y vivre! De même qu'un tremblement de terre dévaste et désole les villes, de sorte que c'est avec angoisse que les hommes édifient leur demeure sur le sol volcanique, de même la vie elle-même s'effondre, s'affaiblit et perd courage, quand le *tremblement de concepts* que produit la science enlève à l'homme la base de toute sa sécurité, de tout son calme, sa foi en tout ce qui est durable et éternel. Or, la vie doit-elle dominer la connaissance et la science, ou bien la connaissance doit-elle dominer la vie? Laquelle des deux puissances est la puissance supérieure et déterminante? Personne n'aura de doutes, la vie est la puissance supérieure et dominatrice, car la connaissance, en détruisant la vie, se serait en même temps détruite elle-même. La connaissance présuppose la vie, elle a donc, à la conservation de la vie, le même intérêt que tout être à sa propre continuation. Dès lors la connaissance a besoin d'une instance et d'une surveillance supérieures; une *thérapeutique de la vie* devrait se placer immédiatement à côté de la science, et l'une des règles de cette thérapeutique devrait enseigner précisément : l'anti-historique et le supra-historique sont les antidotes naturels contre l'envahissement de la vie par l'histoire, contre la maladie historique. Il est possible que nous qui sommes malades de l'histoire nous ayons aussi à souffrir des antidotes. Mais ce n'est pas là une preuve contre la justesse du traitement choisi.

Et ici je reconnais la mission de cette *jeunesse*, de cette première génération de lutteurs et de tueurs de serpents qui souhaite une culture et une humanité plus heureuses et plus belles, sans posséder plus qu'un pressentiment de ce bonheur futur, de cette beauté de l'avenir. Cette jeunesse souffrira à la fois du mal et de l'antidote. Et pourtant, elle croit pouvoir se vanter de posséder une santé plus vigoureuse et, en général, une nature plus naturelle, que la génération qui la précède, celle des « hommes » et des « vieillards » cultivés d'à présent. Mais sa mission, c'est d'ébranler les notions de « santé » et de « culture » que possède ce présent et d'engendrer la moquerie et la haine contre ce monstre de concept hybride. Le signe distinctif et annonciateur de sa propre santé vigoureuse, devra être précisément que cette jeunesse ne pourra se servir, pour déterminer sa nature, d'aucune conception, d'aucun terme de coterie en usage dans le langage courant d'aujourd'hui, mais qu'elle se contentera d'être persuadée de sa puissance active et combative, de sa puissance d'élimination de la vie, à toute heure plus intense. On peut contester que cette jeunesse possède déjà de la culture — mais pour quelle jeunesse ce serait-il là un reproche ? On peut lui reprocher de la rudesse et de l'intempérance, mais elle n'est pas encore assez vieille et sage pour se modérer. Avant tout, elle n'a pas besoin de feindre et de défendre une culture achevée et elle jouit de toutes les consolations et de tous les privilèges de la jeunesse, avant tout du privilège de la loyauté brave et téméraire et de la consolation enthousiasmée de l'espérance.

Ces jeunes gens qui espèrent, je sais qu'ils comprennent de près toutes ces généralités et que leurs propres expériences leur permettront de les traduire en une doctrine personnelle. Que les autres se contentent, en attendant, de n'apercevoir que des vases fermés qu'ils pourraient bien croire vides, jusqu'à ce qu'ils voient de leurs propres yeux surpris que ces vases sont pleins et que des haines, des revendications, des instincts vitaux, des passions étaient enclos et resserrés dans ces généralités et que ces sentiments ne pouvaient pas rester longtemps cachés. Renvoyant ces incrédules au temps qui fait tout venir au jour, je m'adresse pour conclure à cette société de ceux qui espèrent, pour leur raconter, en une parabole, la marche de leur guérison, leur délivrance de la maladie historique, et par là leur propre histoire jusqu'au moment où ils seront de nouveau assez bien portants pour pouvoir recommencer à faire de l'histoire, pour se servir du passé à ce triple point de vue, au point de vue monumental, antiquaire ou critique. Parvenus à ce moment, ils seront plus ignorants que les gens « cultivés » du présent, car ils auront beaucoup désappris et auront même perdu toute envie de jeter encore un regard vers ce que ces gens cultivés veulent savoir avant tout. Ce qui les distingue c'est précisément, si l'on se place au point de vue de ces gens cultivés, leur indocilité, leur indifférence, leur réserve à l'égard de bien des choses célèbres et même de certaines bonnes choses. Mais, arrivés à ce point final de leur guérison, ils seront redevenus des *hommes* et ils auront cessé d'être des agrégats qui ressemblent seulement à des hommes. Et c'est déjà quelque chose ! Voici encore des espoirs ! Votre cœur ne déborde-t-il pas de joie, vous qui espérez ?

Et comment arrivons-nous à ce but ? me demanderez-vous. Le dieu delphique vous jette, dès le début de votre voyage vers ce but, sa sentence : « Connais-toi toi-même ! » C'est une douce sentence, car ce dieu

« ne cache point et ne proclame point, mais ne fait qu'indiquer », comme a dit Héraclite. Où donc vous conduit-il ?

Il y a eu des siècles où les Grecs se trouvaient exposés à un danger analogue au nôtre, au danger d'être envahis par ce qui appartient à l'étranger et au passé, au danger de périr par l' « histoire ». Jamais ils n'ont vécu dans une fière exclusivité. Leur culture fut, tout au contraire, longtemps un chaos de formes et de conceptions exotiques, sémitiques, babyloniennes, lydiennes et égyptiennes, et leur religion une véritable guerre des dieux de tout l'Orient, de même qu'aujourd'hui la « culture allemande » et sa religion sont un chaos agité, dans une lutte perpétuelle, de tout l'étranger, de tout le passé. Or, malgré cela, la culture hellénique ne devint pas un agrégat, grâce à leur sentence apollinienne. Les Grecs apprirent peu à peu à *organiser le Chaos*, en se souvenant, conformément à la doctrine delphique, d'eux-mêmes, c'est-à-dire de leurs besoins véritables, en laissant dépérir les besoins apparents. C'est ainsi qu'ils rentrèrent en possession d'eux-mêmes. Ils ne restèrent pas longtemps les héritiers surchargés et les épigones de tout l'Orient ; ils devinrent, après une lutte difficile contre eux-mêmes, par l'interprétation pratique de cette sentence, les heureux héritiers de ce trésor, sachant l'augmenter et le faire fructifier, précurseurs et modèles de tous les peuples civilisés à venir.

Ceci est une parabole pour chacun de nous. Il faut qu'il organise le chaos qui est en lui, en faisant un retour sur lui-même pour se rappeler ses véritables besoins. Sa loyauté, son caractère sérieux et véridique s'opposeront à ce que l'on se contente de répéter, de réapprendre et d'imiter. Il apprendra alors à comprendre que la culture peut être autre chose encore que la *décoration de la vie*, ce qui ne serait encore, au fond, que de la simulation et de l'hypocrisie. Car toute parure cache ce qui est paré.

Ainsi se révélera à ses yeux la conception grecque de la culture — en opposition à la culture romaine — la conception de la culture, comme d'une nouvelle nature, d'une nature améliorée, sans intérieur et extérieur, sans simulation et sans convention, de la culture comme d'une harmonie entre la vie et la pensée, l'apparence et la volonté. C'est ainsi qu'il apprendra, par sa propre expérience, que ce fut la force supérieure de la nature *morale* qui permit aux Grecs de vaincre toutes les autres cultures, et qu'il apprendra que toute augmentation de la véracité doit servir aussi à préparer et à activer la vraie civilisation, lors même que cette véracité pourrait nuire sérieusement à la discipline qui, dans le moment, jouit de l'estime générale, lors même qu'elle aiderait à renverser une culture purement décorative.

NOTE DU TRADUCTEUR

Nietzsche emploie pour la première fois l'expression « intempestif » dans une lettre qu'il écrivit, au cours de l'été, en 1869. Il y décrit Wagner : « Nous le voyons devant nous, enraciné par sa propre force, le regard élevé au-dessus de tout ce qui est éphémère, intempestif dans le meilleur sens du terme. » Mais c'est seulement quand Nietzsche revint de Bayreuth, au commencement de mai 1873, profondément chagriné et indigné par l'indifférence des Allemands à l'égard de l'art wagnérien et de l'entreprise de Bayreuth, que ce mot devint une sorte d'enseigne déployée. Le philosophe voulut soulager son cœur et manifester son indignation en écrivant les *Considérations intempestives*.

La série de ces traités fut close par le quatrième, *Richard Wagner à Bayreuth*, bien que l'auteur se fût proposé d'en rédiger au moins treize. Certains projets qui ont été conservés en indiquent même vingt-quatre.

En mars 1874, après l'apparition de la seconde *Considération intempestive*, Nietzsche écrivit : « Je sais bien que mes effusions sont celles d'un dilettante qui manque quelque peu de maturité, mais, pour moi, il importe avant tout d'amener au jour tout ce qui a un caractère polémique et négatif. Je veux commencer par parcourir toute l'échelle de mes inimitiés, de haut en bas, et d'une façon assez excessive pour que la voûte en retentisse. Plus tard, dans cinq ans, je jetterai loin de moi toute polémique et je songerai à une " bonne œuvre ". Aujourd'hui j'ai la poitrine trop oppressée par la répugnance et l'affliction. Il faut que cela sorte, bon gré, mal gré ; pourvu que cela soit définitif. J'ai encore à chanter onze de ces mélodies. »

La deuxième *Considération intempestive* fut composée à Bâle durant l'automne de 1873. L'impression, commencée en janvier 1874, à Leipzig, fut terminée en février. Erwin Rhode, le philologue ami de Nietzsche, l'aida à la correction des épreuves et proposa quelques changements qui furent presque tous utilisés. L'ouvrage parut chez E. W. Fritzsch à Leipzig.

La première édition de la *Généalogie de la morale* (1887) indique, sur sa couverture, la deuxième *Considération intempestive* sous la forme suivante : *Nous autres historiens Contribution à la pathogénie de l'âme moderne.*

La présente traduction a été faite sur le premier volume des *Œuvres complètes* de Friedrich Nietzsche, publié en 1893 par le *Nietzsche-Archiv*, chez C. G. Naumann à Leipzig.

HENRI ALBERT

BIBLIOGRAPHIE SOMMAIRE

En France, une édition des *Œuvres philosophiques complètes* de Nietzsche paraît aux éditions Gallimard, sous la direction de Gilles Deleuze et Maurice de Gandillac, à partir des textes et variantes établis par Giorgio Colli et Mazzino Montinari (9 tomes en 18 volumes).

Depuis novembre 1986, une édition en 5 tomes de la correspondance de Nietzsche paraît aux éditions Gallimard, sous la direction de Maurice de Gandillac. Elle reprend les textes établis par Giorgio Colli et Mazzino Montinari.

Charles ANDLER, *Nietzsche, sa vie, sa pensée*, 3 vol. Gallimard, 1958.
Lou ANDREAS-SALOMÉ, *Nietzsche*, Grasset, 1952.
Pierre BOUDOT, *L'Ontologie de Nietzsche*, PUF, 1971.
Gilles DELEUZE, *Nietzsche et la philosophie*, PUF, 1962.
Jeanne DELHOMME, *Nietzsche, ou le voyageur et son ombre*. Seghers, 1969.
Jacques DERRIDA, *Éperons, sur le style de Nietzsche*, Flammarion, coll. Champs, 1978.
Eugen FINK, *Philosophie de Nietzsche*, Éd. de Minuit, 1965.
Jean GRANIER, *Le Problème de la vérité dans la philosophie de Nietzsche*, Éd. du Seuil, 1966.
Jean GRANIER, *Nietzsche*, PUF, 1982.
Michel GUÉRIN, *Nietzsche, Socrate héroïque*, Grasset, 1975.
Martin HEIDEGGER, *Nietzsche*, 2 vol., Gallimard, 1971.
Curt-Paul JANZ, *Nietzsche, biographie*, 3 vol., Gallimard, 1984.

Karl JASPERS, *Nietzsche, introduction à sa philosophie*, Gallimard, 1950.

Pierre KLOSSOWSKI, *Nietzsche et le cercle vicieux*, Mercure de France, 1978.

Angèle KREMER-MARIETTI, *Thèmes et structures dans l'œuvre de Nietzsche*, Lettres Modernes, 1957.

Karl LÖWITH, *De Hegel à Nietzsche*, Gallimard, 1969.

Georges MOREL, *Nietzsche*, 3 vol., Aubier, 1970.

E. F. PODACH, *L'Effondrement de Nietzsche*, Gallimard, 1931.

Olivier REBOUL, *Nietzsche, critique de Kant*, PUF, 1974.

Paul VALADIER, *Nietzsche et la critique du christianisme*, Éd. du Cerf, 1974.

XXX : *Nietzsche*, colloque de Royaumont, Éd. de Minuit, 1967.

CHRONOLOGIE

1844 (15 octobre) : Naissance de Friedrich Wilhelm Nietzsche à Rökken où son père est pasteur.

1846 : Naissance d'Elisabeth Nietzsche.

1849 : Mort du père de Nietzsche.

1850 : La mère de Nietzsche s'installe, avec ses enfants, à Naumbourg.

1858-1864 : Nietzsche est élève du gymnase de Schulpforta.

1864 : Il s'inscrit à l'université de Bonn où il suit les cours de théologie, puis de philologie classique, jusqu'en août 1865.

1865-1867 : Il suit à Leipzig son professeur, Ritschi. En même temps, il fonde la *Société de philologie* et publie différents travaux dans la revue *Reinische Museum*. Il se lie d'amitié avec Erwin Rhode.

1867 (octobre) : Il doit interrompre son service militaire après un accident de cheval, suivi de maladie.

1868 (8 novembre) : Il fait la connaissance de Richard Wagner.

1869 : Avant même d'avoir été reçu docteur, Nietzsche est appelé comme professeur de philologie classique à l'université de Bâle. Il rend de fréquentes visites à Wagner, qui occupait, avec Cosima von Bülow, une villa à Triebschen.

1869 : *La Naissance de la tragédie.*

1870 : Nietzsche s'engage comme infirmier pendant la guerre franco-allemande. Il tombe malade, et retourne à Bâle.

1872 : Wagner quitte Triebschen.

1873-1876 : *Considérations intempestives.*

1875 : Il séjourne tout l'été au sanatorium de Steinbad.

1876 : Wagner inaugure son théâtre de Bayreuth. Nietzsche prend un an de congé, pour raison de santé. Il passe l'hiver à Sorrente en compagnie de Malwina von Meysenburg et du psychologue Paul Rée. Il rencontre Wagner pour la dernière fois.

1876-1878 : Première partie de *Humain trop humain.*

1879 : Il rompt avec Wagner.

1879 : Gravement malade, il démissionne de son poste de professeur. Il passe l'été à Saint-Moritz.

1879-1880 : Seconde partie de *Humain trop humain.*

1880-1881 : Il voyage : Venise, Marienbad, Stresa, Gênes. Il publie *Aurore.* Pendant l'été, à Sils-Maria, il conçoit la notion du « retour éternel ».

1881-1882 : *Le Gai Savoir.* Il passe l'hiver à Gênes.

1882 : En mars, il voyage en Sicile. Il passe à Rome en avril, où il rencontre Lou Salomé. Il rompt avec elle à l'automne.

1883 : Publication des deux premières parties de *Ainsi parlait Zarathoustra.* Le 13 février, Wagner meurt.

1884 : Nietzsche est à Nice quand paraît la troisième partie de *Ainsi parlait Zarathoustra.* Il passe l'hiver 1884-1885 à Menton et à Nice. Quatrième partie de *Ainsi parlait Zarathoustra.*

1884-1885 : *Par-delà le bien et le mal.*

1885 : Elisabeth Nietzsche épouse un antisémite notoire, B. Förster, avant de quitter l'Europe.

1886 : Nietzsche voyage : Nice, Leipzig, Sils-Maria, Nice à nouveau. Il conçoit le premier plan de sa « philosophie future ». Ces fragments seront rassemblés sous le titre de *La Volonté de puissance*.

1887 : *Généalogie de la morale*.

1888 : Avril : séjour à Turin. Été : séjour à Sils-Maria, puis retour à Turin. Nietzsche rédige successivement : *Le Cas Wagner* (mai à août), *Le Crépuscule des idoles* (août), *L'Antéchrist* (septembre), *Ecce Homo* (octobre à novembre), *Nietzsche contre Wagner* (décembre).

1889 : Le 3 janvier, Nietzsche succombe à une attaque d'aliénation mentale. Son ami Overbeck le ramène à Bâle. Il entre peu après dans une clinique d'Iéna.

1890 : Il revient à Naumbourg, pour être confié aux soins de sa mère.

1900 : Il meurt à Weimar le 25 août.

TABLE

LA PHILOSOPHIE DANS LA GF

ANSELME DE CANTORBERY
Proslogion (717)

ARISTOTE
De l'âme (711)
Éthique de Nicomaque (43)
Parties des animaux, livre I (784)
Petits Traités d'histoire naturelle (979)
Physique (887)
Les Politiques (784)

AUFKLÄRUNG. LES LUMIÈRES ALLEMANDES (793)

SAINT AUGUSTIN
Les Confessions (21)

AVERROÈS
Discours décisif (bilingue) (871)
L'Intelligence et la pensée (Sur le De Anima) (974)

BACON
La Nouvelle Atlantide (770)

BECCARIA
Des délits et des peines (633)

BERKELEY
Principes de la connaissance humaine (637)
Trois dialogues entre Hylas et Philonous (990)

BICHAT
Recherches physiologiques sur la vie et la mort (808)

BOÈCE
Traités de théologie (876)

LE BOUDDHA
Dhammapada (849)

COMTE
Leçons de sociologie (864)
Discours sur l'ensemble du positivisme (991)

CONDORCET
Cinq mémoires sur l'instruction publique (783)
Esquisse d'un tableau historique des progrès de l'esprit humain (484)

CONFUCIUS
Entretiens avec ses disciples (799)

CONSTANT
De l'esprit de conquête et de l'usurpation dans leurs rapports avec la civilisation européenne (456)

CUVIER
Recherches sur les ossements fossiles de quadrupèdes (631)

DARWIN
L'Origine des espèces (685)

DESCARTES
Correspondance avec Élisabeth et autres lettres (513)
Discours de la méthode (1091)
Lettre-préface des Principes de la philosophie (975)
Méditations métaphysiques (328)
Les Passions de l'âme (865)

DIDEROT
Entretien entre d'Alembert et Dider
Le Rêve de d'Alembert. Suite de l'entretien (53)
Supplément au voyage de Bougainvill
Pensées philosophiques. Addition au
Pensées philosophiques. Lettre sur les aveugles. Additions à la Lettre sur les aveugles (252)

DIDEROT/D'ALEMBERT
Encyclopédie ou Dictionnaire raisonn
des Sciences, des Arts et des Métier
(2 vol., 426 et 448)

DIOGÈNE LAËRCE
Vie, doctrines et sentences des philosophes illustres (2 vol., 56 et 7

MAÎTRE ECKHART
Traités et sermons (703)

ÉPICTÈTE
Manuel (797)

ÉRASME
Éloge de la folie (36)

FICHTE
La Destination de l'homme (869)

GALIEN
Traités philosophiques et logiques (

GRADUS PHILOSOPHIQUE (773)

HEGEL
Préface de la Phénoménologie de l'esprit (bilingue) (953)
Principes de la philosophie du droit

HIPPOCRATE
L'Art de la médecine (838)

HOBBES
Le Citoyen (385)

HUME
Enquête sur l'entendement humain
Enquête sur les principes de la mor
(654)
L'Entendement. Traité de la nature humaine, livre I (701)
Les Passions. Traité de la nature hu
livre II (557)
La Morale. Traité de la nature huma
livre III (702)

KANT

Anthropologie (665)
Critique de la faculté de juger (1088)
Critique de la raison pure (257)
Essai sur les maladies de la tête.
Observations sur le sentiment du Beau et du Sublime (571)
Métaphysique des mœurs (2 vol., 715 et 716)
Opuscules sur l'histoire (522)
Théorie et Pratique (689)
Vers la paix perpétuelle. Qu'est-ce que les Lumières ? Que signifie s'orienter dans la pensée ? (573)

KIERKEGAARD

La Reprise (512)

LA BOÉTIE

Discours de la servitude volontaire (394)

LAMARCK

Philosophie zoologique (707)

LA ROCHEFOUCAULD

Maximes et réflexions diverses (288)

LEIBNIZ

Essais de Théodicée (209)
Nouveaux Essais sur l'entendement humain (582)
Principes de la nature et de la grâce. Monadologie et autres textes (863)
Système nouveau de la nature et de la communication des substances (774)

LOCKE

Lettre sur la tolérance et autres textes (686)
Traité du gouvernement civil (408)

LUCRÈCE

De la nature (30)
De la nature (bilingue) (993)

MACHIAVEL

L'Art de la guerre (615)
Le Prince (317)

MALEBRANCHE

Traité de morale (837)

MALTHUS

Essai sur le principe de population (2 vol., 708 et 722)

MARC AURÈLE

Pensées pour moi-même suivies du Manuel d'Épictète (16)

MARX

Manuscrits de 1844 (784)

MARX ET ENGELS

Manifeste du parti communiste (1002)

MONTAIGNE

Essais (3 vol., 210, 211 et 212)
Apologie de Raymond Sebond (1054)

MONTESQUIEU

Considérations sur les causes de la grandeur des Romains et de leur décadence (186)
De l'esprit des lois (2 vol., 325 et 326)
Lettres persanes (19)

MORE

L'Utopie (460)

NIETZSCHE

Ainsi parlait Zarathoustra (881)
L'Antéchrist (753)
Le Crépuscule des idoles. Le Cas Wagner (421)
Ecce Homo. Nietzsche contre Wagner (572)
Le Gai Savoir (718)
Généalogie de la morale (754)
Le Livre du philosophe (660)
Par-delà bien et mal (1057)
Seconde considération intempestive (483)

PASCAL

Pensées (266)
De l'esprit géométrique. Écrits sur la grâce et autres textes (436)

PASTEUR

Écrits scientifiques et médicaux (825)

PENSEURS GRECS AVANT SOCRATE (31)

PLATON

Alcibiade (988)
Apologie de Socrate. Criton (848)
Le Banquet. Phèdre (4)
Le Banquet (987)
Cratyle (954)
Euthydème (492)
Gorgias (465)
Ion (529)
Lachès. Euthyphron (652)
Lettres (466)
Ménon (491)
Parménide (688)
Phédon (489)
Phèdre (488)
Platon par lui-même (785)
Premiers dialogues : Second Alcibiade. Hippias mineur. Euthyphron. Lachès. Charmide. Lysis. Hippias majeur. Ion (129)
Protagoras (761)
Protagoras. Euthydème. Gorgias. Ménexène. Ménon. Cratyle (146)
La République (90)
Sophiste (687)
Sophiste. Politique. Philèbe. Timée. Critias (203)
Théétête (493)
Théétête. Parménide (163)
Timée. Critias (618)

QUESNAY

Physiocratie (655)

RICARDO

Principes de l'économie politique et de l'impôt (663)

ROUSSEAU

Considérations sur le gouvernement de Pologne. L'Économie politique. Projet de constitution pour la Corse (574)
Du contrat social (94)
Discours sur l'origine et les fondements de l'inégalité parmi les hommes. Discours sur les sciences et les arts (243)
Émile ou de l'éducation (117)
Essai sur l'origine des langues et autres textes sur la musique (682)
Lettre à M. d'Alembert sur son article Genève (160)
Profession de foi du vicaire savoyard (883)

SAY

Cours d'économie politique (879)

SCHOPENHAUER

Sur la religion (794)

SÉNÈQUE

Lettres à Lucilius (1-29) (599)

SMITH

La Richesse des nations (2. vol., 598 et 626)

SPINOZA

Œuvres : I – Court traité. Traité de la réforme de l'entendement. Principes de la philosophie de Descartes. Pensées métaphysiques (34)
II – Traité théologico-politique (50)
III – Éthique (57)
IV – Traité politique. Lettres (108)

THOMAS D'AQUIN

Contre Averroès (bilingue) (713)
Somme contre les Gentils (1045-104 4 vol. sous coffret 1049)

TOCQUEVILLE

De la démocratie en Amérique (2 vol., 353 et 354)
L'Ancien Régime et la Révolution (500)

TURGOT

Formation et distribution des richesses (983)

VICO

De l'antique sagesse de l'Italie (742)

VOLTAIRE

Dictionnaire philosophique (28)
Lettres philosophiques (15)
Traité sur la tolérance (552)

GF-CORPUS

L'Âme (3001)
L'Amour (3010)
Autrui (3051)
Le Citoyen (3044)
La Démocratie (3007)
Le Désir (3015)
Le Droit (3046)
L'État (3003)
L'Expérience (3049)
L'Histoire (3021)
L'Identité (3030)
L'Illusion (3035)
L'Image (3036)
La Justice (3050)
Le Langage (3027)
Le Libéralisme (3016)
La Liberté (3023)
Les Mathématiques (3019)
La Matière (3020)
La Métaphysique (3037)
La Morale (3018)
La Nature (3009)
Le Nihilisme (3011)
L'Œuvre d'art (3024)
La Paix (3026)
Le Pouvoir (3002)
Le Scepticisme (3014)
La Sensation (3005)
La Société (3041)
La Tolérance (3004)
L'Utopie (3029)
La Vie (3045)
La Violence (3042)
La Volonté (3012)

GF Flammarion

012834/1-VI-2001. — Imp. **Bussière Camedan Imprimeries,** St-Amand (Cher).
N° d'édition : FG048309. — Janvier 1998. — Printed in France.